張淑鈿 —— 著

香港特別行政區非全職法官制度研究

港澳制度
研究叢書

**A Study on
the System of
Part-time Judges
of Hong Kong
Special Administrative
Region**

總　序

鄒平學 *

　　自國家誕生後，人類社會產生了多少政治的、法律的、經濟的、社會的各種「制度」，可能是一個誰也無法回答的問題。「制度」研究也一直是法學、政治學、經濟學、管理學以及社會學等學科共有的現象。「制度」是什麼？制度就是體系化的規則、規矩。中國人常說，沒有規矩就不成方圓。所有的人、人所組成的各種組織乃至國家、社會，都離不開各種制度。所以，制度很重要，制度研究也很重要。

　　港澳回歸已有 20 多年之久，「一國兩制」實踐和基本法實施開始進入「五十年不變」的中期階段，可謂進入「深水區」。特別是 2019 年以來，中央出手先後制定《香港國安法》、完善香港選舉制度之際，三聯書店（香港）有限公司決定推出一套「港澳制度研究叢書」，可謂恰逢其時，遠見卓識，意義重大。這是出版界第一套專門冠名「港澳制度研究」的叢書，從他們組織策劃叢書的初心與選題設想看，我不禁為香港三聯書店匠心獨具、籌劃周詳而擊節讚嘆。我認為，這套書將努力達成三個「小目標」，或者說將具有三個方面的亮點或特點。

　　第一，抓住港澳研究的根本。港澳回歸以來，港澳研究熱點迭出，成為顯學。從坊間的各種論著看，港澳制度研究最為熱門。鄧小平曾指出：「一九九七年我們恢復行使主權之後怎麼樣管理香港，

* 　法學博士，深圳大學法學院教授，博士生導師，兼任全國人大常委會港澳基本法委員會基本法理論研究基地深圳大學港澳基本法研究中心主任，教育部國別與區域研究基地深圳大學港澳與國際問題研究中心主任，國務院發展研究中心港澳研究所學術委員會委員兼高級研究員，全國港澳研究會理事，廣東省法學會港澳基本法研究會會長。

也就是在香港實行什麼樣的制度的問題。」[1]可見，在港澳實行什麼樣的制度，是實踐「一國兩制」、依法管治港澳的根本。習近平總書記指出：「作為直轄於中央政府的一個特別行政區，香港從回歸之日起，重新納入國家治理體系。中央政府依照憲法和香港特別行政區基本法對香港實行管治，與之相應的特別行政區制度和體制得以確立。」[2]港澳制度實質是港澳被納入國家治理體系後形成和發展的、具有中國智慧和中國風格的「一國兩制」政策的制度呈現。港澳回歸後的實踐表明，在港澳實行的「一國兩制」制度體系，不僅是解決歷史遺留下來的港澳問題的最佳方案，也是港澳回歸祖國後保持長期繁榮穩定的最佳制度安排。「港澳制度研究叢書」的推出，顯然敏銳抓住了「一國兩制」制度體系這個港澳研究的根本。

　　第二，拓展港澳制度研究的問題論域。坊間以往印行的港澳研究論著，以政法制度研究居多。這說明，港澳政法制度研究是港澳制度研究較為重視的論域。究其原因，是因為「一國兩制」的制度體系是我國國家治理體系的重要組成部分，這一體系是政策、法律和制度的有機構成。政法制度是港澳制度較為根本、活躍和基礎的部分。鄧小平告訴我們，「一國兩制」能不能夠真正成功，要體現在香港特別行政區基本法裏面。根據憲法制定的港澳基本法先後為我國兩個特別行政區設計了一套嶄新的制度和體制，這就是港澳特別行政區制度或者簡稱港澳制度。港澳制度實質就是「一國兩制」政策的法律化、制度化，是根據憲法制定港澳基本法、建構「一國兩制」制度體系來完成的。所以，在港澳政法制度研究的論著裏，較多地是圍繞根據憲法和基本法管治港澳的理論和實踐來展開。數年前，三聯書店（香港）有限公司精心打造推出的、由王振民教授主編的「憲法與基本法研究

1　鄧小平：《鄧小平文選》（第三卷），北京：人民出版社 1993 年版，第 85 頁。

2　〈習近平在慶祝香港回歸祖國 20 周年大會暨香港特別行政區第五屆政府就職典禮上的講話〉，新華社 2017 年 7 月 1 日電。

叢書」即是這方面的積極成果。在當下港澳制度進入重要創新發展階段，「港澳制度研究叢書」的問世，不僅將繼續關注「一國兩制」、憲法和基本法在港澳的實施等問題的宏觀討論，還較大範圍拓展了問題論域，將突出從中觀、微觀角度，去探索港澳制度具體實際運作層面的體制機制層面，深入挖掘港澳研究的中觀、微觀研究板塊，推出更多高質量的、以往被宏觀的「一國兩制」論述所遮蔽的更細緻、更具體的研究成果，拓展、拓深港澳制度研究的格局。特別是，叢書將不僅限於政法制度，還將視野擴及港澳經濟、社會、文化、教育、科技、政府管治、媒體等方面的制度，這將使得港澳制度研究在廣度、深度方面更為拓展和深化，進一步豐富港澳制度研究範疇的包容性和統攝性，為廣大讀者展示港澳制度立體多面的全貌，這十分令人期待。

　　第三，前瞻港澳制度研究的未來發展。港澳制度研究要為港澳「一國兩制」事業做出應有的貢獻，不僅要敏銳抓住研究論域的根本和重點，還要善於把握港澳制度的脈搏和運行規律。毋庸諱言，現有的港澳制度研究成果對制度運行的規律性研究還不夠，高水平、有分量、有深度的成果還不多，特別是能有效解決疑難問題、足資回應實踐挑戰的成果還不多。進入新時代以後，港澳形勢出現的新情況、新問題給中央管治港澳提出了新的挑戰。**在政治方面，**香港維護國家主權、安全、發展利益的制度還需完善，對國家歷史、民族文化的教育宣傳有待加強。2020 年國家層面出台國安法，為解決治理危機提供了有力抓手，但國安法律制度和執行機制如何進一步發展完善還有很多具體和複雜問題需要研究解決。而且，單靠國安法的落地還不夠，還需要認真研究特區教育、媒體、司法、文化、政府管治方面的制度問題。需要指出的是，港澳制度中的「制度」既包括在特區內實行的制度，也包括決定這個制度的制度。因而港澳制度就不能僅僅限於兩個特區內部實行的制度，而首先應從國家治理體系的制度角度出發。

例如目前中央全面管治權的制度機制都面臨一些新情況和新問題，如中央對特區政治體制的決定權、中央對特區高度自治權的監督權包括對特首的實質任命權、特區本地立法向人大的備案審查等制度問題，都存在值得研究的理論和實踐問題。澳門特區政府依法治理的能力和水平，與形勢發展和民眾的期待相比仍需提高，政府施政效率、廉潔度和透明度與社會的發展存在一定的差距。習近平提出，澳門要「繼續奮發有為，不斷提高特別行政區依法治理能力和水平。回歸以來，澳門特別行政區治理體系和治理能力不斷完善和提高。同時，我們也看到，形勢發展和民眾期待給特別行政區治理提出了更新更高的要求」。[3] **在經濟方面**，香港經過幾十年的快速發展，面臨著經濟結構進一步調整等問題，部分傳統優勢有所弱化，新經濟增長點的培育發展需要時間，來自其他經濟體和地區的競爭壓力不斷增大；澳門博彩業「一業獨大」，明顯擠壓其他行業的發展空間，經濟結構單一化問題突出，經濟多元發展內生動力不足，缺乏政策配套和人才支持。**在社會方面**，港澳長期積累的一些深層次問題開始顯現，特別是土地供應不足、住房價格高企、貧富差距拉大、公共服務能力受限等民生問題突出，市民訴求和矛盾增多，中下階層向上流動困難，社會對立加大，改善民生、共用發展成果成為港澳居民普遍呼聲。要解決港澳社會存在的各種問題，歸根結底是要全面準確理解和貫徹「一國兩制」方針，始終依照憲法和基本法辦事，不斷完善與憲法和基本法實施相關的制度和機制，聚焦發展，維護和諧穩定的社會環境。

研究解決這些問題，都需要在完善制度機制方面下功夫，而這些正是港澳制度研究的未來，亟待深度開掘。據我所知，本叢書重視和歡迎如下選題：中央權力實際行使需要完善的制度機制，回歸後國家在港澳建立健全的相關制度，全面落實愛國者治港治澳的制度，憲

3　參見習近平：〈推進澳門「一國兩制」成功實踐走穩走實走遠〉（2014 年 12 月 20 日），載習近平：《習近平談治國理政》（第二卷），北京：外文出版社有限責任公司 2017 年版，第 424 頁。

法和基本法上對特區的授權制度，特區依法行使高度自治權的相關制度和機制，特區行政主導體制，特區政府施政能力和管治水平方面的制度，特區行政管理權實施的制度機制，特區立法權實施的制度機制，特區司法權的制度機制（如香港司法審查制度），基本法有關特別行政區經濟、教育、文化、宗教、社會服務和勞工方面的制度運行問題，特區區域組織或市政機構及其制度，特區公務員制度以及香港政黨制度，香港的某些特殊制度（如高官負責制、新界原住民權利），等等。

香港三聯書店特邀請我擔任本叢書的主編，我十分高興，也非常期待和樂意與廣大內地、港澳學人共襄此舉，為實現上述三個「小目標」，為完善「一國兩制」制度體系貢獻智識和力量。「一國兩制」是一個史無前例的偉大事業，我有幸參與研究港澳問題 20 多年，深深體會到，港澳制度的理論和實踐，是中國對於世界治理所能奉獻的獨有的、寶貴的領地，從學術理論上探討和解決上述一系列複雜、敏感和重大的制度運行問題並不斷完善它們，必將有利於回答堅持「一國兩制」制度體系對於維護國家主權、安全和發展利益，保障港澳的長期繁榮穩定，對於推進國家治理體系和治理能力現代化為什麼十分必要、為什麼現實可能、為什麼是歷史必然這一時代命題。因此，我相信本叢書的推出，將對支撐建構中國特色哲學社會科學奉獻中國獨有的理論貢獻和智力支撐，這不但是值得期許的，也是中國學人的使命擔當。

是為序。

鄒平學

2021 年 4 月 1 日於深圳

序

　　近讀深圳大學法學院張淑鈿教授即將出版的新著《香港特別行政區非全職法官制度研究》，這應當是國內第一本全面研究香港非全職法官制度的專著，對推進香港以及內地的法官制度改革有重要的理論意義和學術價值。

　　張淑鈿同志係深圳大學培養的本科生和碩士生，留校後又師從上海著名的國際私法學者丁偉教授，獲得博士學位。她從本科開始即對國際私法有興趣，從碩士到博士繼續專攻國際私法，對中國的區際私法，尤其對內地與香港地區的法律有深入研究。她是地地道道的國際私法學科的「專業戶」。她參加了我主持的多項國家有關香港法律的課題，我的多項成果中都凝聚了她的智慧和心血；我們也共同在《法學研究》、《政法論壇》、《港澳研究》等國內權威刊物上發表了多篇涉及內地和香港法律衝突的專業論文，每篇論文都展現了她深厚的學術功底。青出於藍勝於藍，一代學術新人令人矚目。

　　香港非全職法官制度是一項具有特色的法官制度。它在全職法官之外，吸引法律界尤其是大律師擔任兼職法官審理案件，一方面，有助於解決香港法院案多人少的問題；另一方面，為香港法院全職法官的遴選奠定基礎，很多擔任過香港法院非全職法官的大律師，最終也出任了香港法院全職法官，成為香港司法隊伍的中堅力量，為香港法律制度的穩定與發展作出了自己的貢獻。

　　為全面深入研究香港的司法制度，協調內地與香港地區的民商事法律衝突，推進兩地的司法互助和合作，張淑鈿教授很早就開始關

注香港非全職法官制度，發表了系列專業論文。今將其研究成果集卷成書，實是對香港非全職法官制度研究的一個總結和提升，可喜，可賀。

我和張淑鈿同志相識已二十餘年，先為師生，後為同事和朋友，對她頗有瞭解。她教書認真嚴謹，深受學生歡迎。做學問，務求其真諦。為人純樸，淡泊名利，做人做文章，務求一個真字。

為學者，當如是矣，是為序。

董立坤

2021 年 12 月於深圳

目　錄

緒論：問題與方法

▌一、研究緣起

　　選擇以香港特區特委法官和暫委法官為切入點，研究香港特別行政區法院的非全職法官制度，起源於 2006 年 5 月 25 日香港報刊的一則報道。這一天，香港報刊報道香港高等法院原訟法庭一名特委法官以及香港區域法院一名暫委法官為香港公民黨創黨黨員，引發了香港輿論和社會各界對於香港法院非全職法官性質以及任職限制的爭論。支持者認為香港非全職法官為臨時性質，不屬於司法機構編制人員，其本身為執業律師，不需要對其施加與全職法官相同的限制。[1] 反對者則從司法權行使的角度，認為非全職法官是根據香港法例的規定任命的，其行使司法權時與全職法官職權相當，故應受到相同的

1　吳靄儀認為，全職法官與兼職法官，其實是兩個很不同的世界。參見〈禁兼職法官入黨或違基本法〉，《新報》2006 年 6 月 6 日，A08 版。余若薇認為，暫委法官任命只屬臨時性質，每年聆訊時間不過數星期。換言之，他們大部分時間的身份是大律師，公民黨成員梁家傑更疑問「為何要因為那短短一個月的臨時法官工作，就限制他們在其餘 11 個月加入政黨的權利呢？」參見〈公民黨「死撐」社會人士嚴責〉，《文匯報》2006 年 6 月 26 日，A05 版。香港司法機構認為，非全職法官不屬於司法機構編制人員；大律師公會前主席戴啟思認為，非全職法官本身為執業律師，而且司法機構不會安排他們審理公共法律案件，因此不需要對其施加與全職法官相同的限制。參見〈兼職法官不限制入黨〉，《信報財經新聞》2006 年 7 月 25 日，P06 版。

規制。[2]

在這場爭論中，香港特區法院特委法官和暫委法官制度走入了觀察的視野。特委法官和暫委法官是香港非全職法官隊伍中的重要構成。特委法官是指出任香港高等法院原訟法庭特委法官的非全職法官，暫委法官是指出任香港高等法院原訟法庭暫委法官或區域法院暫委法官的非全職法官。在香港的司法體系中，特委法官和暫委法官有著重要的作用。其一，它是構建香港法律職業共同體內部職業交流的重要途徑，是律師及其他法律從業人員在全職工作之外，參與司法審判工作的重要途徑。其二，它活躍在司法審判一線，承擔著多種類型案件的審判工作，為緩解香港法院案件聆訊時間過長作出了突出貢獻。其三，它是全職法官的重要來源，香港各級法院的很多法官曾經擔任過特委法官和暫委法官。

香港特區非全職法官制度的規定比較分散。在法律淵源上，香港基本法中，既沒有非全職法官也沒有特委法官和暫委法官的表述，但香港特區多項立法對特委法官制度和暫委法官制度進行了規範。在性質上，香港《高等法院條例》和《區域法院條例》規定特委法官和暫委法官行使著與同職位全職法官同等的權力和職責，顯然其應屬於香港基本法中的「法官」，但在香港特區政府政務司的報告中，特委法官和暫委法官卻被認定為是香港基本法中的「其他司法人員」。在任免制度上，由於被定性為其他司法人員，因此特委法官和暫委法官

2　李國英認為，無論是特委法官或者是暫委法官，既然是依據法例的規定而任命，並行使所賦予的獨立司法權等非一般市民所享有的權力及特權，就應該有理由受到合理的約束。參見李國英：〈法官入黨有違司法獨立無私原則〉，《文匯報》2006 年 6 月 8 日，A26 版。曾鈺成認為，坐在法庭內審案的法官，市民是分不清他是全職還是非全職的，他行使的權力與全職法官也無分別，因此對他有另一套與全職法官不同的行為準則，是值得斟酌的。參見曾鈺成：〈法官入黨指引有漏洞〉，《文匯報》2006 年 6 月 1 日，A23 版。馬力認為，兼職法官行使司法權與全職法官並無兩樣，他們在任期間的行為，同樣影響公眾對司法機構和司法人員的一般觀感和信心。因此，一個基本原則應該是，除非有實際執行上的困難，否則對全職法官的活動限制也必須儘量適用於兼職法官。而避免參與政治組織和政治活動，就應該屬於這樣的限制。參見馬力：〈兼職法官參政應受限委任〉，《星島日報》2006 年 5 月 13 日，A23 版。

的任免制度，不適用香港基本法第八十八條規定的法官任命制度，而是適用香港基本法第九十一條規定的回歸後予以保留的回歸前任免制度。因此，特委法官由司法人員推薦委員會推薦並經行政長官任免，暫委法官包括原訟法庭暫委法官和區域法院暫委法官由終審法院首席法官自主任命。在信息公開上，香港司法機構網站上公佈的「法官及司法人員名單」中，一直到 2009 年，才首次列出了特委法官的名單，但仍然沒有公佈香港高等法院原訟法庭暫委法官和區域法院暫委法官的名單。這不免令人好奇，活躍於香港司法機構中，以特委法官和暫委法官為重要構成的香港司法系統非全職法官究竟是一個什麼樣的法官群體？香港特區法院非全職法官制度有何特點與價值？這構成了本書選題研究的來源。

二、研究現狀與研究方法

（一）研究現狀

2012 年香港大學許方中、普麗芬教授在其論文〈基本法下的司法獨立〉中曾闡述了回歸後作為香港非全職法官構成部分的暫委法官制度的發展。同時，中國社科院法學所尤韶華教授出版的《香港司法體制沿革》一書，探討了香港回歸前司法體制的發展歷程，其中提到了回歸前的香港法院非全職司法人員，但限於回歸前香港司法體制小型而又複雜的結構體系，該書沒有對香港非全職法官制度予以展開梳理。2017 年香港大學陳弘毅教授等在合作論文〈一國兩制下的香港司法〉中介紹了香港非全職法官的類型。此外，學界對香港非全職法官制度幾乎再無關注。綜合而言，現有學術研究對香港非全職法官制度如何起源、如何發展、如何運作等制度構成的基本內容仍然缺乏全面的瞭解，對於香港非全職法官制度的發展軌跡也缺乏全面觀察和總結，總體上，對香港非全職法官制度的基礎性研究沒有相應開展。

（二）研究資料來源

今天，香港特區行之有效的非全職法官制度，是隨著歷史的發展，通過制度的制訂與建設，伴隨實踐的運作而逐步得到發展的。在此過程中，香港特區政府、香港特區法院和香港特區立法會等機構的公開文件為研究香港非全職法官制度提供了堅實的資料基礎，並成為本書研究香港非全職法官制度的重要資料來源。

1. 香港特區政府委任憲報。通過香港特區政府官方網站「香港政府一站通」所設立的欄目「政府諮詢及刊物——憲報」一欄，以「特委法官」、「原訟法庭暫委法官」和「區域法院暫委法官」為標題搜索政府委任憲報，[3] 共收集到香港特區政府從 2000 年到 2017 年 6 月 30 日關於特委法官的委任憲報 70 份；從 2000 年 1 月 1 日到 2017 年 6 月 30 日關於原訟法庭暫委法官的委任憲報 1068 份；[4] 從 2000 年 5 月到 2017 年 6 月 30 日關於區域法院暫委法官的委任憲報 1314 份。

2. 香港《司法人員推薦委員會報告》。香港《司法人員推薦委員會報告 1997–2002》第 4 章公佈了從 1997 年 7 月 1 日至 1999 年 12 月 31 日香港特委法官的委任情況，共 10 次委任和撤銷特委法官的委任行為。

3. 香港立法會會議記錄。通過香港立法會網站，收集到香港立法會有關特委和暫委法官的會議討論記錄及各類回覆。

4. 香港本地條例。通過香港律政司網站，收集香港特區條例中所有涉及特委法官、暫委法官以及同職位全職法官的法律條文。

5. 香港法院判決書。通過香港司法機構網站，共收集到 1996 年 1 月 1 日至 2013 年 12 月 31 日特委法官審理並作出的判決書 626 份，原訟法庭暫委法官審理並作出的判決書 4400 份，區域法院暫委

3　香港政府一站通網站，https://www.gld.gov.hk/egazette/tc_chi/search_gazette/search_gov_notice.html（最後訪問時間：2019 年 2 月 28 日）。

4　另有一份憲報為委任期限勘正憲報，不涉及新委任或終止委任，故不計算在內。

法官審理並作出的判決書 1101 份。

6. 香港終審法院司法文件。通過香港司法機構網站，收集到香港終審法院有關規範香港非全職法官行為的司法文件。

（三）研究方法

1. 法律解釋法。本書立足於香港特區立法，研究香港非全職法官的制度演變。通過對法律制度的修訂回溯，對比和分析香港特區條例中涉及香港特區非全職法官制度的立法背景和立法修訂過程，呈現香港特區非全職法官制度的歷史發展軌跡和制度設計，闡述香港特區非全職法官制度的價值與功能。

2. 實證分析法。本書以公開資料為基礎，收集香港特區政府、香港立法機關和香港司法機構的相關資料和數據，全面呈現香港特區非全職法官制度的實踐運作。其中，通過香港特區政府網站，收集到香港特區政府有關非全職法官的委任憲報，全面梳理了香港回歸以來非全職法官委任的全貌；通過香港司法機構網站的裁判書搜索功能，收集非全職法官做出的判決書，展現非全職法官的案件受理情況。

3. 比較研究法。香港非全職法官制度是香港司法制度的重要內容，對它的觀察，既要放在時間的維度中，通過比較回歸前後香港非全職法官制度的發展與演變，展示制度發展的軌跡，也要放在香港司法體制的空間維度中，比較非全職法官制度與同職位全職法官制度的異同，以正確認識非全職法官制度在香港司法體制中的地位與作用。

4. 歸納總結法。本書以全面分析香港特區非全職法官的制度演變和實踐運作為主線，梳理了香港特別行政區的非全職法官類型、非全職法官制度演進、非全職法官制度的價值與功能、非全職法官的權利與職責、非全職法官的委任程序以及司法行為規範等方面內容，並對每個相關問題進行較為全面的分析和解讀、歸納與總結。

三、研究框架與內容

本書旨在研究香港非全職法官制度的價值功能、制度設計與實踐運作，致力於客觀的觀察與總結。全文除緒論外，由六個部分構成。

第一章總述香港特區的非全職法官。根據香港基本法的規定，香港法院司法人員包括法官和其他司法人員，兩者採用不同的任免制度。實踐中，任免程序成為區分香港司法機構中法官和其他司法人員的基本依據。香港基本法沒有全職法官與非全職法官之分，但在香港特區條例中，香港司法機構司法人員根據其是否屬於司法機構的編制，可以劃分為全職司法人員和非全職司法人員，其中特委法官和暫委法官是香港非全職司法人員的基本類型。

第二章論述香港特區非全職法官制度的歷史演進。香港回歸前，根據不同時期的司法需求，逐步引入英國的特委法官和暫委法官制度，並通過對香港條例的修訂將其確認為香港司法制度的構成部分。香港回歸後，根據香港基本法第 81 條的規定，原在香港實行的司法體制，除因設立香港特區終審法院而發生變化外予以保留，香港非全職法官制度因而得以繼續保留和適用，並根據回歸後司法體制的改變進行法律的適應化和修訂，形成了立法上內容完整的非全職法官制度。在司法實踐中，回歸後香港非全職法官人數也逐步增加，香港特區對非全職法官的委任行為頻繁，這充分說明了非全職法官制度在香港回歸後得到了穩定發展。

第三章論述香港特區非全職法官制度的價值與功能。香港引入特委法官和暫委法官作為非全職法官之後，非全職法官制度在紓解香港法院案件候審時間過長以及構建法律職業共同體內的職位流動，建立全職法官候選人群體方面發揮了重要的作用，為香港社會和司法界認可接受。

　　第四章論述香港特區非全職法官的委任程序。比較特委法官和暫委法官與同職位全職法官的委任制度，全面總結香港非全職法官的委任資格、委任緣由、任期與連任、委任程序等相關委任程序事項，展現香港特區非全職法官委任程序的細節與全貌。

　　第五章論述香港特區非全職法官的權力與職責。根據香港特區條例的規定，特委法官和暫委法官享有與同職位全職法官同等的權力並履行同等的職責，但允許法律或者委任條款予以例外規定。因此，以法定和推定同權同責為原則，但允許存在法定例外，構成香港特區規範非全職法官與同職位全職法官關係的基本準則。基於上述原則，特委法官和暫委法官有權力聆訊同職位全職法官可以聆訊的案件類型。但在司法實踐中，司法機構在編排特委法官和暫委法官受理案件類型上也存在「不成文的慣例」，有一些特殊類型的案件從未編排給特委法官和暫委法官審理。

　　第六章論述香港特區非全職法官的司法行為規範。香港特區非全職法官的司法行為受香港司法機構制定的行為規範的約束。香港非全職法官的一般司法行為須遵守香港終審法院 2004 年制定的《法官行為指引》，非全職法官的政治行為須遵守香港終審法院 2006 年制定的《關於非全職法官及參與政治活動的指引》。在規範形式上，香港特區採用在立法明確調整非全職法官政黨身份基本原則的基礎上，由香港終審法院通過內部指引的形式調整非全職法官政黨身份。在規範內容上，香港終審法院採用區分制立法模式規範非全職法官政黨身份，允許非全職法官加入政黨，但同時禁止非全職法官積極參與政治活動。在區分制的立法模式下，非全職法官政黨身份對非全職法官委任和司法權行使存在著潛在的影響。

香港特區的非全職
法官制度

香港特區的法官制度

▊ 一、回歸前香港的法官制度

回歸前，香港司法制度是依據當時英國的《英皇制誥》和《皇室訓令》，由英國政府授權，按照英國的相應制度為模式建立起來的。英國佔領香港後，逐步建立和完善了香港的司法機構。1841 年香港設立了裁判司署；1844 年根據《建立香港最高法院條例》在香港設立最高法院；1953 年根據《地方法院條例》設立地方法院；1972 年根據《勞資審裁處條例》設立勞資審裁處；1974 年根據《土地審裁處條例》設立土地審裁處；1975 年根據《小額錢債審裁處條例》設立小額錢債審裁法庭；1987 年根據《淫穢及不雅物品管制條例》設立淫穢物品審裁處；1997 年根據《死因裁判官條例》設立死因裁判法庭。經過多年發展，回歸前香港的法院系統分為四個層次：香港最高法院、地方法院、裁判司署、專職法庭和審裁處。其中，香港最高法院包括高等法院和上訴法院。[1] 香港最高法院上訴法院為香港最高法庭，負責審理所有對最高法院高等法院的民事或刑事案件不服的上訴，以及其他法庭及審裁庭轉來的上訴。

回歸前，當時的香港最高法院雖然在名義上是香港的最高級別

1　香港《最高法院條例》第 3 條規定：「最高法院（1）現設立一香港最高法院，由高等法院及上訴法院組成。」（1997 年 6 月 30 日版本）

法院，但是，當時香港最高法院上訴法院的判決仍可以被提出上訴。
1909 年 8 月 10 日英國《對香港最高法院上訴的樞密院令》規定，對
於香港最高法院上訴法院的判決如有不服，在一定條件下可以上訴到
英國樞密院司法委員會。因此英國樞密院司法委員會實際上才是回歸
前香港的最高審級法院，享有香港訴訟案件最後一級審判權力，行使
香港訴訟案件的終審權。儘管實踐中，英國樞密院司法委員會規定的
上訴條件比較嚴格，而且很少批准這些上訴，被告也很少使用該項權
利，上訴到英國樞密院司法委員會的案件極少，但這並沒有改變香港
沒有終審權的事實。正如當時的香港最高法院於 1969 年所申明：「香
港法庭無疑是受英國樞密院及上議院的判決所約束。」1973 年當時
的香港最高法院又再次重申：「英國樞密院的任何有關決定均對香港
起約束作用。」[2]

圖 1-1：回歸前香港司法機構

英國樞密院司法委員會

香港最高法院 上訴法院 高等法院

地方法院	土地審裁處
裁判司署	勞資審裁處
	小額錢債審裁處
	淫穢物品審裁處
	死因裁判法庭

　　隨著香港司法機構的發展，回歸前香港法院系統陸續形成各種
類別的司法人員。「在香港被英國佔領的早期，有首席裁判官、助理
裁判官、海事裁判官、死因裁判官、刑事和民事法庭特任法官。當時
的香港最高法院成立後，又增加了最高法院的首席法官和司法常務
官以及最高法院的法官，撤銷了刑事和海事法庭特任法官。1845 年

2　　徐克恩：《香港：獨特的政治架構》，北京：中國人民大學出版社 1994 年，第 9 頁。

到 1952 年混型時期撤銷了首席裁判官、助理裁判官，設立並行的治安裁判官；海事裁判官延續到 1932 年以後；死因裁判官撤銷，1900年出現審裁委員，1910 年撤銷，1947 年再度出現。在 1953-1998 年分級期，1953 年增加地方法院法官，1967 年恢復死因裁判官。在1972-1995 年的分類期，1973 年增加審裁官，1975 年最高法院法官分為上訴法庭法官和初審法庭法官。1982 年出現特任裁判官。1994 年最高法院出現特任法官，地方法院、裁判官法院出現地方法院首席法官、首席裁判官以及暫任地方法院法官、暫任裁判官和主任裁判官。審裁處則有主任裁判官。」[3] 至此，回歸前，香港法院形成了種類繁多的法官制度。

二、回歸後香港特區的法官制度

1. 回歸後香港司法機構的變遷

香港回歸後，根據香港基本法規定，香港各級法院作為香港特區的司法機關，行使全國人民代表大會授予香港特區的司法權和終審權。基本法第 81 條規定：「香港特別行政區設立終審法院、高等法院、區域法院、裁判署法庭和其他專門法庭。高等法院設立上訴法庭和原訟法庭。原在香港實行的司法體制，除因設立香港特別行政區終審法院而產生變化外，予以保留。」據此，回歸後香港特區法院新設立香港終審法院，原香港最高法院改稱為香港高等法院，地方法院改稱為區域法院，繼續保留裁判法院、勞資審裁處、土地審裁處、小額錢債審裁處、淫穢物品審裁處和死因審裁處等多個專門法庭。此外，根據 2000 年修訂的《少年犯條例》，裁判法院設立少年法庭，目前分設於東區、九龍城、西九龍、粉嶺和屯門裁判法院內。根據 2012

3　尤韶華：《香港司法體制沿革》，北京：知識產權出版社 2012 年版，第 191-192 頁。

年制定的香港《競爭條例》，2013 年 8 月 1 日香港新成立競爭事務審裁處，負責審理與競爭法有關的糾紛。

圖 1-2：回歸後的香港司法機構 [4]

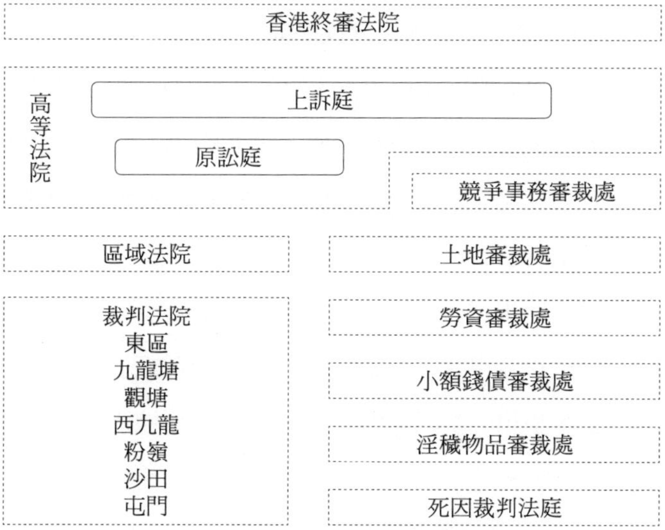

香港終審法院	
高等法院 上訴庭 / 原訟庭	競爭事務審裁處
區域法院	土地審裁處
裁判法院 東區 九龍塘 觀塘 西九龍 粉嶺 沙田 屯門	勞資審裁處 小額錢債審裁處 淫穢物品審裁處 死因裁判法庭

其中，香港終審法院是香港特區的最高上訴法院，根據《香港終審法院條例》等法律的規定，受理針對高等法院（上訴法庭和原訟法庭）的民事及刑事判決提出的上訴及有關事項。香港終審法院行使香港特區的終審權。

香港高等法院由上訴法庭和原訟法庭組成，具有上訴及原訟司法管轄權。上訴法庭審理來自原訟法庭、競爭事務審裁處、區域法院、土地審裁處和根據有關條例成立的其他審裁處和法定團體的刑事及民事上訴案件。原訟法庭具有上訴及原訟司法管轄權，受理來自裁判法院、勞資審裁處、小額錢債審裁處、淫穢物品審裁處和小額薪酬索償仲裁處的上訴案件以及來自聆案官決定的上訴案件，並行使法例

4　本圖表根據香港司法機構網站「有關司法機構—組織表—法院結構」相關內容整理，https:// www.judiciary.hk/zh/about_us/courtchart.html（最後訪問時間：2019 年 2 月 28 日）。

規定的刑事和民事原訟司法管轄權。

香港區域法院具有刑事和民事司法管轄權，審理由裁判法院移交的公訴罪行案件以及民事案件。對區域法院裁決不服的，可上訴到高等法院上訴法庭。

香港裁判法院負責聆訊建議程序罪行和可公訴罪行。對裁判法庭判決不服，可以向原訟法庭提出上訴。裁判法院內設有少年法庭。

競爭事務審裁處是根據香港法例《競爭條例》設立的高級記錄法院，負責審理有關競爭事宜的法律程序。對審裁處的決定不服的，可以向高等法院上訴法庭提出上訴。

土地審裁處是根據香港法例《土地審裁處條例》設立的，負責審理有關土地糾紛以及根據《差餉條例》、《地租（評估及徵收）條例》和《房屋條例》提出的上訴案件。對土地審裁處的裁決不服，可以向高等法院上訴法庭提起上訴。

勞資審裁處負責審理勞資雙方的糾紛。小額錢債審裁處負責處理不超過七萬五千元的金錢申索案件。淫穢物品審裁處負責處理事物及物品評定類別及裁定案件。對這些審裁處裁決不服的，可向高等法院原訟法庭提起上訴。死因裁判法庭負責審理法定的死亡個案，確定死因和肇事情況案件。[5]

2. 香港基本法中的法官制度

根據香港基本法規定，香港特區行使獨立的司法權和終審權。有關香港司法權和終審權的行使主體問題，香港基本法有四項條款涉及該問題。

（1）香港各級法院是香港特區審判權的行使主體。根據香港基本法第 80 條規定：「香港特別行政區各級法院是香港特別行政區的司

---

5 有關香港司法機構的受案範圍，為根據香港司法機構網站「有關司法機構—組織表—法院結構」內容整理，https://www.judiciary.hk/zh/about_us/courtchart.html（最後訪問時間：2019 年 2 月 28 日）。

法機關，行使香港特別行政區的審判權。」據此，香港特區各級法院是香港特區審判權的行使主體。

（2）香港終審法院行使香港特區的終審權。香港基本法第 82 條規定：「香港特別行政區的終審權屬於香港特別行政區終審法院。終審法院可根據需要邀請其他普通法適用地區的法官參加審判。」可見，香港終審法院行使香港特區的終審權，具體履行終審權職責的人員包括受香港終審法院邀請的其他普通法適用地區的法官。

（3）司法人員是各級法院中履行審判職責的主體。香港基本法第 85 條規定：「香港特別行政區法院獨立進行審判，不受任何干涉，司法人員履行審判職責的行為不受法律追究。」在這一條文中，香港基本法沒有採用法官的提法，而提出了「司法人員」的概念，從本條規定可見，香港特區法院的司法人員是具體履行審判職責的人員。

（4）司法人員包括法官和其他司法人員。香港基本法第 92 條規定：「香港特別行政區的法官和其他司法人員，應根據其本人的司法和專業才能選用，並可以從其他普通法適用地區聘用。」第 93 條規定：「香港特別行政區成立前在香港任職的法官和其他司法人員均可留用，其年資予以保留，薪金、津貼、福利待遇和服務條件不低於原來的標準。對退休或者符合規定離職的法官和其他司法人員，包括香港特別行政區成立前已退休或離職者，不論其所屬國籍或居住地點，香港特別行政區政府按不低於原來的標準，向他們或其家屬支付應得的退休金、酬金、津貼和福利費。」第 92 條和第 93 條涉及到選任標準和薪酬待遇問題，提及的主體是法官和其他司法人員，結合第 85 條規定，香港各級法院的司法人員是根據香港基本法具體履行審判職責的主體，包括香港各級法院的法官和其他司法人員。

至此，香港基本法有關香港法官制度的規定呈現出如下框架：香港各級法院是行使香港特區審判權的主體，香港終審法院同時行使香港特區的終審權，香港各級法院的司法人員是具體履行審判職責的

主體，包括法官和其他司法人員。

圖 1-3：香港法院法官和其他司法人員

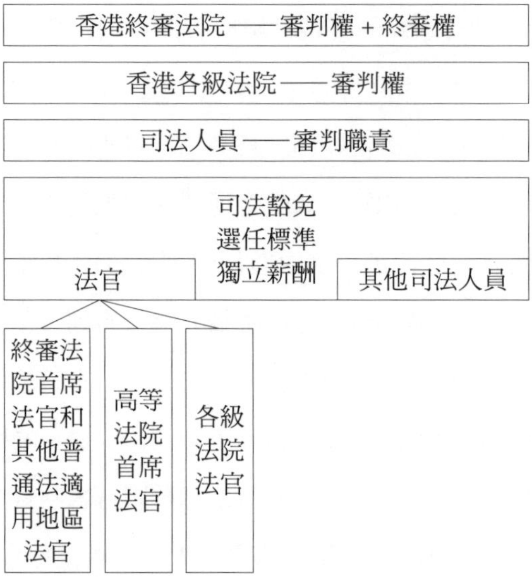

香港終審法院——審判權 + 終審權

香港各級法院——審判權

司法人員——審判職責

法官	司法豁免 選任標準 獨立薪酬	其他司法人員

終審法院首席法官和其他普通法適用地區法官	高等法院首席法官	各級法院法官

3. 法官制度和其他司法人員制度的比較

法官和其他司法人員都屬於香港基本法中規定的司法人員範疇，兩者既有共同點也存在不同之處。

（1）相同點

第一，法官和其他司法人員的選任標準相同。香港基本法第 92 條規定：「香港特別行政區的法官和其他司法人員，應根據其本人的司法和專業才能選用，並可從其他普通法適用地區聘用。」因此，本人的司法和專業才能是選任法官和其他司法人員均應考慮的要素。

第二，法官和其他司法人員均享受獨立的薪酬待遇制度。香港基本法第 93 條規定：「香港特別行政區成立前在香港任職的法官和其他司法人員均可留用，其年資予以保留，薪金、津貼、福利待遇和服務條件不低於原來的標準。對退休或符合規定離職的法官和其他司法人員，包括香港特別行政區成立前已退休或離職者，不論其所屬國籍

或居住地點，香港特別行政區政府按不低於原來的標準，向他們或其家屬支付應得的退休金、酬金、津貼和福利費。」

第三，法官和其他司法人員履行審判職責的行為均享有不受法律追究的豁免權。香港基本法第 85 條規定：「香港特別行政區法院獨立進行審判，不受任何干涉，司法人員履行審判職責的行為不受法律追究。」其中，司法人員包括任職於香港各級法院的法官和其他司法人員。

（2）區別

法官和其他司法人員的區別在於實行不同的任免制度。

法官的任免制度。根據香港基本法規定，香港特區不同種類的法官實行不同的任免程序。主要包括：第一，香港終審法院首席法官。香港基本法規定了終審法院首席法官的免職程序和任免程序。第 89 條第 2 款規定了香港終審法院首席法官的免職程序：「香港特別行政區終審法院的首席法官只有在無力履行職責或者行為不檢的情況下，行政長官才可任命不少於五名當地法官組成的審議庭進行審議，並可根據其建議，依照本法規定的程序，予以免職。」第 90 條規定了香港終審法院首席法官任免程序：「香港特別行政區終審法院和高等法院的首席法官，應由在外國無居留權的香港特別行政區永久性居民中的中國公民擔任。除本法第八十八條和第八十九條規定的程序外，香港特別行政區終審法院的法官和高等法院首席法官的任命或者免職，還須由行政長官徵得立法會同意，並報全國人民代表大會常務委員會備案。」第二，獲終審法院邀請的其他普通法適用地區的法官。香港基本法第 82 條規定：「香港特別行政區的終審權屬於香港特別行政區終審法院。終審法院可根據需要邀請其他普通法適用地區的法官參加審判。」根據這一條規定，香港終審法院的法官中包括香港終審法院邀請的其他普通法適用地區的法官。第三，香港高等法院首席法官的任免。香港基本法第 90 條規定了高等法院首席法官的任

免程序：「香港特別行政區終審法院和高等法院的首席法官，應由在外國無居留權的香港特別行政區永久性居民中的中國公民擔任。除本法第八十八條和第八十九條規定的程序外，香港特別行政區終審法院的法官和高等法院首席法官的任命或者免職，還須由行政長官徵得立法會同意，並報全國人民代表大會常務委員會備案。」第四，一般法官。香港基本法第 88 條規定了香港法院法官的任命程序：「香港特別行政區法院的法官，根據當地法官和法律界及其他方面知名人士組成的獨立委員會推薦，由行政長官任命。」第 89 條規定了香港特區行政區法院法官的免職程序：「香港特別行政區法院的法官只有在無力履行職責或行為不檢的情況下，行政長官才可以根據終審法院首席法官任命的不少於三名當地法官組成的審議庭的建議，予以免職。」

其他司法人員的任免制度。根據香港基本法，對於法官之外的其他司法人員保留回歸前的任免制度。香港基本法第 91 條規定：「香港特別行政區法官以外的其他司法人員原有的任免制度繼續保持。」回歸前其他司法人員的任免程序也包括兩類：第一類是由當時的總督根據司法人員敘用委員會的推薦任命司法人員，其程序與法官的一般任命程序相同。回歸之後，此類其他司法人員由行政長官根據司法人員推薦委員會的推薦任命。例如香港高等法院原訟法庭特委法官由行政長官根據司法人員推薦委員會的推薦任命。[6] 第二類是直接由香港最高法院首席大法官任命的其他司法人員，例如回歸前高等法院原訟法庭暫委法官由香港最高法院首席大法官委任。[7] 回歸後，此類其他司法人員由香港終審法院首席法官任命。

可見，根據香港基本法的規定，香港基本法第 88 條和第 89 條中規定的法官，與香港基本法第 91 條中規定的其他司法人員是有所區別的。法官必須根據香港基本法規定的委任程序委任，其他司法人

6　回歸之前，此類法官稱高等法院特委大法官，是由總督根據司法人員敘用委員會的推薦任命。

7　香港《高等法院條例》第 10 條。

員繼續保持回歸前原有的任免制度。但是，除了香港終審法院首席法官、高等法院首席法官以及終審法院其他普通法適用地區的法官是香港基本法中明確提及的香港特區法官類別外，香港各級法院中的法官究竟還包括哪些具體類型的法官，香港基本法再無進一步明確規定。對於如何區分香港各級法院中的各種類型的司法人員，哪些屬於法官，哪些屬於司法人員，香港基本法也沒有明確。對於回歸前已經存在的香港法院全職司法人員和非全職司法人員是屬於法官還是其他司法人員，也缺乏規定。對於這些問題，將由香港特區法律予以明確。

4. 香港特區法律及制度中的法官制度

香港基本法第 81 條第 2 款規定，「原在香港實行的司法體制，除因設立香港特別行政區終審法院而發生變化外，予以保留。」第 83 條規定，「香港特別行政區各級法院的組織和職權由法律規定。」因此，對於香港各級法院中的司法人員具體包括哪些類型，由香港特區法律予以明確。

（1）香港各級法院條例

根據規範香港各級法院的條例規定，香港各級法院中存在種類繁多的司法人員。

第一，香港終審法院。根據《終審法院條例》規定，香港終審法院的司法人員包括：終審法院首席法官、終審法院常任法官、終審法院非常任法官和終審法院司法常務官。

第二，香港高等法院。根據《高等法院條例》規定，香港高等法院司法人員包括：高等法院首席法官、上訴法庭法官、原訟法庭法官、原訟法庭特委法官、原訟法庭暫委法官、司法常務官、高級副司法常務官、副司法常務官、助理司法常務官、暫委司法常務官、暫委副司法常務官、暫委高級副司法常務官、暫委助理司法常務官。

第三，香港區域法院。根據《區域法院條例》規定，香港區域法院司法人員包括：區域法院法官、暫委法官、司法常務官、副司法常

務官、助理司法常務官、暫委司法常務官、暫委副司法常務官、暫委助理司法常務官。

第四，裁判法院。根據《裁判法院條例》規定，香港裁判法院司法人員包括常任裁判官、特委裁判官和暫委裁判官。

第五，專門法庭。其中，土地審裁處、勞資審裁處等專門法庭包括審裁處法官、暫委審裁官和司法常務官。勞資審裁處包括暫委審裁官和司法常務主任。小額錢債審裁處包括審裁官和暫委審裁官。淫穢物品審裁處包括主審裁判官和審裁委員。死因裁判法庭包括死因裁判官和暫委死因裁判官。

在這些形式多樣、種類繁多的香港各級法院司法人員中，哪一些屬於根據香港基本法規定的程序任命的法官，哪一些屬於根據原有任免制度任命的其他司法人員，香港司法機構條例本身沒有加以明確區分。

（2）其他香港條例

在香港其他涉及法官或司法人員概念界定的條例中，也沒有明確區分法官和其他司法人員。

第一，香港《釋義及通則條例》。《釋義和通則通例》是「旨在綜合和修訂有關法例的釋疑、適用範圍、釋義的法律，訂立關於事宜的一般條文，對法例和公共文件中的詞語和詞句下定義，訂立關於公職人員、政府或公共機構合約、民事和刑事程序的一般條文，以及為由這些事附帶引起的或與這些事相關的目的和事宜訂立一般條文。」該條例第 3 條「詞語和詞句的釋義」部分對法官做了如下界定：「法官指終審法院首席法官、終審法院法官、高等法院首席法官、上訴法庭法官、原訟法庭法官、原訟法庭特委法官及原訟法庭暫委法官。」按照條例的此項規定，香港區域法院的法官、裁判法庭的裁判官和司法常務官等不屬於該條例所解釋的法官序列。

第二，香港《司法人員推薦委員會條例》。該條例「旨在成立司

法人員推薦委員會」，其將司法人員界定為「出任司法職位的人」，司法職位指的是「附表 1 列明的職位」，這些職位包括了《釋義及通則條例》中提及的大多數法官，但是沒有包括原訟法庭暫委法官。此外，該條例將區域法院法官、裁判法庭裁判官和特委裁判官、土地審裁處等專門法庭的審裁官，以及終審法院、高等法院和區域法院各級別的司法常務官均納入司法人員的序列。

就此而言，香港不同條例基於不同的調整對象，對法官和其他司法人員的界定並不完全相同，甚至可能出現覆蓋範圍相互矛盾的情況。

（3）香港法院文件

第一，香港司法機構法官和司法人員名單。截止 2017 年，香港法院公佈的法官和司法人員名單，涵蓋了終審法院法官（包括首席法官、常任法官和非常任法官）；高等法院首席法官、上訴法庭法官、原訟法庭法官、原訟法庭特委法官、司法常務官和副司法常務官；區域法院首席法官、主任家事法庭法官、區域法院法官；對於土地審裁處、裁判法院及其他審裁處，包括土地審裁處成員、主任裁判官、裁判官和特委裁判官。[8] 但是名單中沒有涉及原訟法庭暫委法官以及區域法院的各類暫委裁判官序列。

第二，香港法院相關文件。2006 年，香港特區終審法院發佈《關於非全職法官及參與政治活動的指引》，其中的說明部分明確該指引中「對法官的提述包括司法人員」。2004 年 10 月香港特區終審法院發佈《法官行為指引》，其中的說明也有類似觀點：「凡提及法官之處，均包括司法人員。」在這兩份文件中，對法官的提法一般也包括司法人員，對非全職法官的提法也包括非全職司法人員。

8　香港司法機構網站：法官和司法人員名單，https://www.judiciary.hk/zh/about_us/judges.html（最後訪問時間：2019 年 3 月 1 日）。

（4）香港特區政府文件

面對種類繁多的香港法院法官和其他司法人員，如何根據香港基本法的規定區分香港各級法院各類司法人員的性質，即哪些屬於香港基本法第 88 條和第 89 條規定的依照香港基本法規定的程序任免的法官，哪些又屬於香港基本法第 91 條規定的依照原有任免制度繼續保持的其他司法人員，2006 年，香港特區立法會議員對此提出了質疑。2006 年 7 月 12 日，香港特區政府政務司司長在立法會會議中做了以下解答：「《香港基本法》第八十八條所指的法官是區域法院和高等法院的全職法官以及終審法院的法官。這些法官只可根據《香港基本法》第八十九條和第九十條（按情況適用）所述的理由及程序，予以免職。《香港基本法》第九十一條規定，法官以外的其他司法人員原有的任免制度繼續保持。第九十一條所指的其他司法人員包括：（a）上文（2）所指的法官以外的全職司法人員，如常任裁判官；及（b）非全職法官及司法人員，如特委法官以及獲短期性委任的暫委法官和司法人員。」[9] 從香港政務司司長的回覆看，其以香港基本法第八十八條和第九十一條為依據區分香港法院中的法官和其他司法人員。根據這一標準，任免程序是區分法官和其他司法人員的重要標準。

基於任免程序，香港基本法中的法官包括香港各級法院中根據香港基本法所規定的任免程序任免的法官。具體為：（1）香港終審法院法官，包括香港終審法院首席法官、終審法院常任法官、終審法院非常任法官（包括非常任香港法官和其他普通法適用地區法官）；（2）高等法院全職法官，包括高等法院首席法官、高等法院上訴法庭法官和高等法院原訟法庭法官；（3）區域法院全職法官，包括首席區域法院法官和區域法院法官。

9　〈香港政務司司長就馬力議員提出有關法官任命的回覆〉，《香港特區立法會會議過程正式記錄》，2006 年 7 月 12 日，第 83-84 頁。

基於任免程序，香港基本法中的其他司法人員包括香港各級法院中根據原有任免制度任免的除法官以外的其他司法人員。具體為：（1）除法官以外的全職司法人員。包括終審法院司法常務官、高等法院司法常務官、高等法院副司法常務官、高等法院高級副司法常務官、高等法院助理司法常務官；區域法院司法常務官、副司法常務官、助理司法常務官；裁判法院常任裁判官；土地審裁處法官、土地審裁處審裁委員、司法常務官；勞資審裁處審裁官；小額錢債審裁處審裁官；死因審裁處死因裁判官等等。（2）非全職司法人員。包括高等法院原訟法庭特委法官、高等法院原訟法庭暫委法官、高等法院暫委司法常務官、暫委副司法常務官、暫委高級副司法常務官、暫委助理司法常務官；區域法院暫委法官、暫委副司法常務官、暫委司法常務官、暫委助理司法常務官；裁判法院特委裁判官、裁判法院暫委裁判官；土地審裁處暫委成員；勞資審裁處暫委審裁官；小額錢債審裁處暫委審裁官；死因審裁處暫委死因裁判官等等。

如果以任命程序的法律依據不同作為區分香港司法系統中的法官和其他司法人員的標準，可以發現，一方面，香港司法系統中被稱為「法官」的司法職位並不能與香港基本法規定的法官完全對應。比如香港高等法院原訟法庭特委法官和暫委法官、香港區域法院暫委法官雖稱為「法官」，但卻是根據回歸前的任免程序任免的，如果按照任免程序的標準，他們應該屬於香港基本法中的其他司法人員。另一方面，儘管法官和其他司法人員任命的法律依據不同，但是部分其他司法人員的任命程序與法官採用相同的任命程序。例如特委法官和高等法院原訟法庭法官的任命程序相同，但前者是根據回歸前制度任命的其他司法人員，後者屬於根據香港基本法任命的法官。鑒於香港法院司法文件對於法官的提述也包括司法人員，故如無特別說明，本書不嚴格區分法官和其他司法人員，均採用法官的表述。

表 1-1：香港司法機構中的法官和其他司法人員列表

法院	類別	香港基本法中的法官（行政長官根據司法人員推薦委員會推薦任命）		香港基本法中除法官以外的其他司法人員（保持回歸以前的任免程序）	
		行政長官根據推薦委員會推薦任命	還須立法會同意並報全國人大常委會備案	行政長官根據推薦委員會推薦任命	終審法院首席法官任命
終審法院	首席法官		香港基本法第 88 條、第 90（2）條；《終審法院條例》第 6 條		
	常任法官		香港基本法第 88 條、第 90（2）條；《終審法院條例》第 7 條、		
	非常任香港法官		香港基本法第 88 條、第 90（2）條；《終審法院條例》第 7 條		
	其他普通法適用地區法官		香港基本法第 88 條、第 90（2）條；《終審法院條例》第 7 條、第 9 條		
	司法常務官			《終審法院條例》第 42（2）條；《司法人員推薦委員會條例》附表 1	
高等法院	首席法官		香港基本法第 88 條，第 90（2）條；《司法人員推薦委員會條例》附表 1		

法院	類別	香港基本法中的法官（行政長官根據司法人員推薦委員會推薦任命）		香港基本法中除法官以外的其他司法人員（保持回歸以前的任免程序）	
		行政長官根據推薦委員會推薦任命	還須立法會同意並報全國人大常委會備案	行政長官根據推薦委員會推薦任命	終審法院首席法官任命
高等法院	上訴法庭法官	香港基本法 88 條；《司法人員推薦委員會條例》附表 1			
	原訟法庭法官	香港基本法 88 條；《司法人員推薦委員會條例》附表 1			
	原訟法庭特委法官			《高等法院條例》第 6A（1）條；《司法人員推薦委員會條例》附表 1	
	原訟法庭暫委法官				《高等法院條例》第 10 條
	司法常務官			《司法人員推薦委員會條例》附表 1	
	高級副司法常務官			《司法人員推薦委員會條例》附表 1	

法院	類別	香港基本法中的法官（行政長官根據司法人員推薦委員會推薦任命）		香港基本法中除法官以外的其他司法人員（保持回歸以前的任免程序）	
		行政長官根據推薦委員會推薦任命	還須立法會同意並報全國人大常委會備案	行政長官根據推薦委員會推薦任命	終審法院首席法官任命
高等法院	副司法常務官			《司法人員推薦委員會條例》附表 1	
	助理司法常務官			《司法人員推薦委員會條例》附表 1	
	暫委司法常務官				《高等法院條例》第 37AB 條
	暫委高級副司法常務官				《高等法院條例》第 37AC 條
	暫委副司法常務官				《高等法院條例》第 37A 條
	暫委助理司法常務官				《高等法院條例》第 37B 條
區域法院	法官	《司法人員推薦委員會條例》附表 1			
	暫委法官				《區域法院條例》第 7 條

法院	類別	香港基本法中的法官（行政長官根據司法人員推薦委員會推薦任命）		香港基本法中除法官以外的其他司法人員（保持回歸以前的任免程序）	
		行政長官根據推薦委員會推薦任命	還須立法會同意並報全國人大常委會備案	行政長官根據推薦委員會推薦任命	終審法院首席法官任命
區域法院	司法常務官			《司法人員推薦委員會條例》附表1	
	副司法常務官			《司法人員推薦委員會條例》附表1	
	助理司法常務官			《司法人員推薦委員會條例》附表1	
	暫委司法常務官				《區域法院條例》第14AB條
	暫委副司法常務官				《區域法院條例》第14A條
	暫委助理司法常務官				《區域法院條例》第14B條
裁判法院	常任裁判官	《裁判官條例》第5條；《司法人員推薦委員會條例》附表1			

法院	類別	香港基本法中的法官（行政長官根據司法人員推薦委員會推薦任命）		香港基本法中除法官以外的其他司法人員（保持回歸以前的任免程序）	
		行政長官根據推薦委員會推薦任命	還須立法會同意並報全國人大常委會備案	行政長官根據推薦委員會推薦任命	終審法院首席法官任命
裁判法院	特委裁判官			《裁判官條例》第 5 條；《司法人員推薦委員會條例》附表 1	
	暫委裁判官				《裁判官條例》第 5A 條
土地審裁處	法官			《司法人員推薦委員會條例》附表 1	
	委員			《司法人員推薦委員會條例》附表 1	
	暫委成員				《土地審裁處條例》第 6A 條
勞資審裁處	審裁官			《司法人員推薦委員會條例》附表 1	
	暫委審裁官				《勞資審裁處條例》第 5A 條

法院	類別	香港基本法中的法官（行政長官根據司法人員推薦委員會推薦任命）		香港基本法中除法官以外的其他司法人員（保持回歸以前的任免程序）	
		行政長官根據推薦委員會推薦任命	還須立法會同意並報全國人大常委會備案	行政長官根據推薦委員會推薦任命	終審法院首席法官任命
小額錢債審裁處	審裁官			《司法人員推薦委員會條例》附表 1	
小額錢債審裁處	暫委審裁官				《小額錢債審裁處條例》第 4A 條
死因裁判法庭	死因裁判官			《司法人員推薦委員會條例》附表 1	
	暫委死因裁判官				《死因裁判官》條例第 3A 條

香港特區的非全職法官制度

一、香港特區非全職法官類別

非全職法官是相對於全職法官的一種稱謂和法官類別。香港司法機構法官和其他司法人員根據其是否屬於司法機構的編制，可以劃分為非全職法官和全職法官。其中，非全職法官不是司法機構的編制成員，屬於只根據委任參與案件審判的兼職或臨時法官。

香港非全職法官制度移植於英國。「英國現代的司法體制包括任命的暫委法官和特委法官。」[1]「這些法官的任職和再任職由作為司法機關首腦的上議院大法官作出。」[2]「這些兼職法官由律師擔任，他們作為首席司法官或者類似職位的法官，每年開庭幾周。他們負責審理較輕的案件，而且還構成選拔全職法官的候選人隊伍。」[3] 回歸前香港移植了英國的非全職法官制度，非全職法官活躍於當時香港各級

---

1 R. Stevens：《司法機關的獨立性——以上議院大法官辦公室為視角》，牛津：Clarendon 出版社 1997 年版，第 164-169 頁，轉引自許方中、普麗芬：〈基本法下的司法獨立〉，《香港回歸十周年——基本法回顧與前瞻研討會論文集》，第 179 頁。

2 D. B. Casson and I. R. Scott：〈管轄下的司法獨立——英國〉，載 S. Shetreet and J. Deschenes 編：《司法獨立：當前的爭議》，Dordrecht：Martinus Nijhoff 出版社 1985 年版，第 147-148 頁，轉引自許方中、普麗芬：〈基本法下的司法獨立〉，《香港回歸十周年——基本法回顧與前瞻研討會論文集》，第 179 頁。

3 韓蘇琳編譯：《美英德法四國司法制度概況》，北京：人民法院出版社 2008 年版，第 256 頁。

法院中。具體包括香港最高法院的特委大法官 [4]、暫委大法官 [5]、暫委副司法常務官 [6] 和暫委助理司法常務官 [7]；香港地方法院暫委法官 [8] 以及小額錢債審裁處的暫委審裁官 [9]。這些非全職法官的委任制度不完全相同。根據當時香港《最高法院條例》第 6A 條規定：「總督可委任一名根據第 9（1）或（1A）條有資格獲委任為最高法院大法官的人為高等法院特委大法官，任期按藉以作出該委任的文書所指明者而定」，因此當時香港最高法院的特委大法官由總督委任。除此之外，根據當時香港《最高法院條例》第 10 條、第 37A 條、第 38A 條，香港《地方法院條例》第 7 條和香港《小額錢債審裁處條例》第 4A 條的規定，回歸前香港法院的其餘非全職法官均由當時香港最高法院首席大法官委任。

香港回歸後，香港基本法沒有全職法官與非全職法官的提法。但是香港基本法第 81 條第 2 款保留了回歸前在香港實行的司法體制，使得回歸前已經在香港實施的非全職法官制度在香港回歸後得以繼續保留。香港基本法的這一規定也為回歸前在香港就已經存在的非全職法官在回歸後繼續活躍於香港法院系統，並與全職法官一併履行審判職責，行使香港獨立的司法權提供了法律依據。而且，相比回歸前，回歸後香港非全職法官的數量與種類均得到明顯的發展，形成了

---

4 香港《最高法院條例》第 6A 條規定：「總督可委任一名根據第 9（1）或（1A）條有資格獲委任為最高法院大法官的人為高等法院特委大法官，任期按藉以作出該委任的文書所指明者而定。」（1997 年 6 月 30 日版本）

5 香港《最高法院條例》第 10 條規定：「如有以下情況，首席大法官可委任一名根據第 9 條有資格獲委任為最高法院大法官的人為高等法院暫委法官。」（1997 年 6 月 30 日版本）

6 香港《最高法院條例》第 37A 條規定：「如有以下情況，首席大法官可委任一人為暫委副司法常務官。」（1997 年 6 月 30 日版本）

7 香港《最高法院條例》第 37B 條規定：「如有以下情況，首席大法官可委任一人為暫委助理司法常務官。」（1997 年 6 月 30 日版本）

8 香港《地方法院條例》第 7 條規定：「如地方法院法官的職位因該地方法院法官死亡或其他原因而懸空，首席大法官可委任適當的人為地方法院暫委法官以填補該職位。」（1997 年 6 月 30 日版本）

9 香港《小額錢債審裁處條例》第 4A 條規定：「首席大法官如認為合宜，可委任根據第 4(2) 條合資格的人任暫委審裁官。」（1997 年 6 月 30 日版本）

一支種類繁多的非全職法官隊伍。

以在回歸前是否就已經存在的非全職法官類別為界，回歸後香港特區非全職法官包括以下兩類：

1. 回歸前業已存在的非全職法官。回歸後香港法院系統繼續保留了回歸前香港的非全職法官。同時，順應香港終審法院設立，香港各級法院稱謂也發生變化，部分非全職法官的稱謂在回歸後也予以相應的調整。原香港最高法院特委大法官改稱高等法院原訟法庭特委法官；原香港最高法院暫委大法官改稱高等法院原訟法庭暫委法官；原最高法院暫委副司法常務官改稱為高等法院暫委副司法常務官；最高法院暫委助理司法常務官改稱高等法院暫委助理司法常務官；原香港地方法院暫委法官改稱區域法院暫委法官；小額錢債審裁處暫委審裁官稱謂不變。

2. 回歸後新增設的非全職法官類型。回歸後香港法院對非全職法官隊伍進行了擴充和發展，香港特區四級法院中均新增加了許多非全職法官的類別。[10]

（1）香港高等法院新增補的非全職法官。2005 年在原有非全職司法人員基礎上，香港高等法院增補了暫委司法常務官和暫委高級副司法常務官兩類非全職司法人員。

（2）香港區域法院新增補的非全職法官。2000 年，香港區域法院增補了暫委司法常務官、暫委副司法常務官、暫委助理司法常務官三類非全職司法人員。

（3）裁判署法庭新增補的非全職法官。1999 年根據《裁判官條例》，香港裁判法院增補了裁判法院暫委裁判官，2005 年又增補了特

10　有關回歸後香港新增加非全職法官隊伍的結論，是通過對比香港各級法院條例的不同時期的版本分析總結得出的。也有學者對新增加的非全職法官是否符合基本法提出了異議，認為「暫委裁判官在之前的制度中並未確立，但作為司法人員的暫委裁判官的任命並沒有被基本法所涵蓋……根據臨時印象，任命臨時法官違反了基本法的司法獨立條款。」參見許方中、普麗芬：〈基本法下的司法獨立〉，《香港回歸十周年——基本法回顧與前瞻研討會論文集》，第 182-184 頁。

委裁判官。

（4）其他專門法庭新增補的非全職法官。1997 年死因審裁處新增補了暫委死因裁判官。1999 年土地審裁處新增補了暫委成員。1999 年勞資審裁處新增補了暫委審查官。

至此，香港形成了一支分佈於香港各級法院系統的種類繁多的非全職法官隊伍，包括高等法院原訟法庭特委法官、高等法院原訟法庭暫委法官和暫委司法常務官（包括暫委司法常務官、暫委高級副司法常務官、暫委副司法常務官和暫委助理司法常務官）；區域法院暫委法官和區域法院暫委司法常務官（包括暫委司法常務官、暫委副司法常務官和暫委助理司法常務官）；裁判法院特委裁判官、裁判法院暫委裁判官；各專門法庭暫委審裁官等。

表 1-2：香港司法機構非全職法官列表

類別		回歸前法律制度	回歸後法律制度
高等法院	特委法官	最高法院特委大法官。《最高法院條例》第 6A 條。1994 年第 80 號第 5 條增補	高等法院特委法官。《高等法院條例》第 6A 條。1997 年 7 月 1 日版，1998 年第 25 號第 2 條修訂
	暫委法官	最高法院暫委大法官。《最高法院條例》第 10 條。1983 年第 44 號第 3 條修訂	高等法院暫委法官。《高等法院條例》第 10 條。1997 年 7 月 1 日版，1998 年第 25 號第 2 條修訂
	暫委司法常務官		高等法院暫委司法常務官。《高等法院條例》第 37AB 條。2005 年 7 月 8 日版本，2005 年第 10 號第 134 條增補

類別		回歸前法律制度	回歸後法律制度
	暫委高級副司法常務官		高等法院暫委高級副司法常務官。《高等法院條例》第 37AC 條。2005 年 7 月 8 日版本，2005 年第 10 號第 134 條增補
	暫委副司法常務官	最高法院暫委副司法常務官。《最高法院條例》第 37A 條。1997 年 6 月 30 日版本，1997 年第 1 號第 5 條增補	高等法院暫委副司法常務官。《高等法院條例》第 37A 條。2005 年 7 月 8 日版本，1997 年第 1 號第 5 條增補
	暫委助理司法常務官	高等法院暫委助理司法常務官。《最高法院條例》第 37B 條。1996 年 6 月 30 日版本，1997 年第 1 號第 5 條增補	高等法院暫委助理司法常務官。《高等法院條例》第 37B 條。2005 年 7 月 8 日版本，1997 年第 1 號第 5 條增補
區域法院	暫委法官	地方法院暫委法官。《地方法院條例》第 7 條。1997 年 6 月 30 日版本，1962 年第 21 號第 6 條代替	區域法院暫委法官。《區域法院條例》第 7 條
	暫委司法常務官		區域法院暫委司法常務官。《區域法院條例》第 14AB 條。2005 年 7 月 8 日版本，2005 年第 10 號第 174 條增補
	暫委副司法常務官		區域法院暫委副司法常務官。《區域法院條例》第 14A 條。2005 年 7 月 8 日版本，2000 年第 28 號第 10 條增補

類別		回歸前法律制度	回歸後法律制度
	暫委副司法常務官		區域法院暫委助理司法常務官。《區域法院條例》第 14B 條。2005 年 7 月 8 日版本，2000 年第 28 號第 10 條增補
裁判法院	特委裁判官		特委裁判官。《裁判官條例》第 5AB 條。2005 年 7 月 8 日版本，2005 年第 10 號第 142 條增補
	暫委裁判官		暫委裁判官。《裁判官條例》第 5A 條。2005 年 7 月 8 日版本，1999 年第 21 號第 13 條增補
土地審裁處	暫委成員		暫委成員。《土地審裁處條例》第 6A 條。1999 年 7 月 5 日版本，1999 年第 21 號第 6 條增補
勞資審裁處	暫委審裁官		暫委審裁官。《勞資審裁處條例》第 5A 條。1999 年 7 月 5 日版本，1999 年第 21 號第 10 條增補
小額錢債審裁處	暫委審裁官	暫委審裁官。《小額錢債審裁處條例》第 4A 條。1997 年 6 月 30 日版本，1986 年第 14 號第 3 條增補	暫委審裁官。《小額錢債審裁處條例》第 4A 條。2005 年 7 月 8 日版本，1998 年第 25 號第 2 條修訂
死因裁判法庭	死因裁判官		死因裁判官。《死因裁判官條例》第 3A 條。1999 年 7 月 5 日版本，1999 年第 21 號第 19 條增補

至此，香港司法機構法官根據其是否屬於司法機構的編制，可以劃分為全職法官和非全職法官。其中，香港法院全職法官包括：終審法院首席法官、終審法院常任法官；高等法院首席法官、高等法院上訴庭法官、高等法院原訟法庭法官；區域法院法官；裁判法庭常任裁判官；各專門法庭審裁官以及各級法院不同級別的司法常務官等。香港法院非全職法官包括：終審法院非常任法官（非常任香港地區法官和其他普通法適用地區法官）；高等法院原訟法庭特委法官、高等法院原訟法庭暫委法官；區域法院暫委法官；裁判法院特委裁判官、裁判法院暫委裁判官；各專門法庭暫委審裁官以及各級法院不同級別的暫委司法常務官等。

　　從上述分類可以看出，全職法官與非全職法官的劃分，法官與其他司法人員的劃分，兩者並不存在著完全對應關係。法官與其他司法人員的劃分是以香港基本法規定的任命程序為標準；全職法官和非全職法官的劃分是以是否屬於司法機構編制人員為標準。因此，有些非全職法官屬於香港基本法中的法官，例如根據香港基本法的規定，終審法院法官（包括常任法官和非常任法官）都屬於法官，其中，香港終審法院的非常任法官，包括非常任香港法官和其他普通法地區法官，他們不行使一般的法院職務，只是在獲得邀請時以終審法院審判庭成員的身份參與終審法院案件審判，[11] 但他們都屬於香港基本法中的法官。有些全職法官卻屬於香港基本法中的其他司法人員，例如裁判法院的裁判法官以及各專門法庭的審裁官雖是全職法官，但是他們屬於法官之外的其他司法人員。

11　《終審法院條例》第 2（1）條。

表 1-3：香港基本法中的法官、其他司法人員以及非全職法官

香港基本法中的法官		香港基本法中的其他司法人員	
全職法官	非全職法官	非全職其他司法人員	全職其他司法人員
終審法院首席法官、常任法官；高等法院首席法官、上訴法庭法官、原訟法庭法官；區域法院法官；裁判法院常任裁判官	終審法院非常任法官	高等法院原訟法庭特委法官，原訟法庭暫委法官，高等法院暫委司法常務官，暫委高級副、副、助理司法常務官；區域法院暫委法官，暫委司法常務官（副、助理）；裁判法院特委裁判官，暫委裁判官；土地審裁處委員和暫委成員；勞資審裁處暫委審裁員；小額錢債審裁處暫委審裁官；死因裁判法庭暫委死因裁判官	終審法院司法常務官；高等法院司法常務官，高級副、副、助理司法常務官；區域法院司法常務官（副、助理）；土地審裁處法官；勞資審裁處審裁員；小額錢債審裁處審裁官；死因裁判法庭死因裁判官
	非全職法官		

　　由此，本書所指的香港非全職法官包括屬於香港基本法調整的非全職法官，即終審法院非全職法官，也包括屬於香港基本法中的非全職其他司法人員，包括高等法院原訟法庭特委法官，原訟法庭暫委法官，高等法院暫委司法常務官，暫委高級副、副、助理司法常務官；區域法院暫委法官，暫委司法常務官（副、助理）；裁判法院特委裁判官，暫委裁判官；土地審裁處委員和暫委成員；勞資審裁處暫委審裁員；小額錢債審裁處暫委審裁官；死因裁判法庭暫委因裁判官。

二、香港特區非全職法官制度的特點

香港非全職法官不屬於香港司法機構編制成員，屬於只根據委任參與案件審判的兼職或臨時法官。由於其不佔據香港司法機構的資源，並且有著更為簡單、快捷和靈活的任免程序，非全職法官在香港司法審判工作中發揮了重要的作用，成為香港司法機構中一支非常重要的力量。回歸後的香港不僅保留了回歸前原有的非全職法官制度，而且進一步發展和增補了多個類別的非全職法官。根據香港基本法第 85 條的規定，司法人員履行審判職責，因此，在香港的司法實踐中，非全職法官與全職法官共同履行香港法院的審判職責，但非全職法官制度在履行審判職責方面具有自身的特點。

1. 非全職法官職權範圍有限。非全職法官只是根據委任參與案件的審判，非全職法官不履行司法機構一般的法院事務。在香港，非全職法官與全職法官行使相同的審判職責，包括行使相同的權力並履行相同的職責。非全職法官行使同類別全職法官的所有司法管轄權、權力、特權，也具有並須履行同類別全職法官應履行的職責，這一點在涉及非全職法官的香港特區條例中均予以強調。例如香港《高等法院條例》第 6A 條規定：「特委法官具有並可行使原訟法庭法官的所有司法管轄權、權力及特權，也具有並須執行原訟法庭法官的所有職責，而任何法律中凡提述此等法官之處，須據此而解釋。」

2. 非全職法官的任命程序具有特殊性。非全職法官的任命程序分為兩種，一種是高等法院原訟法庭特委法官和裁判法院特委裁判官，由行政長官根據司法人員推薦委員會的推薦任命；另一種是包括高等法院原訟法庭暫委法官和各級別法院的暫委人員在內的其他非全職法官，直接由終審法院首席法官委任任命。

3. 非全職法官的聘期受限。全職法官享有聘用期保障，只有在無力履行職責或行為不檢的情況下才可以被免職，否則可以一直工作

到年齡屆滿退休。非全職法官聘期受委任期限制，只在聘期內擔任法官並行使審判職責。其中特委法官的任期由行政長官在委任書中指明，暫委法官的任期由終審法院首席法官指明。

4. 非全職法官無執業限制。全職法官擁有終身保障，一旦委任，將不能從事律師執業業務；非全職法官的全職工作是在法律行業執業，其法官職位屬於兼職工作。

▍三、香港特區非全職法官的主要類型：特委法官和暫委法官

根據香港特區條例規定，在香港當前司法系統中，特委法官指高等法院原訟法庭特委法官和裁判法院特委裁判官；暫委法官指高等法院原訟法庭暫委法官或香港區域法院暫委法官。特委法官和暫委法官均屬於非全職法官。作為香港司法人員的重要組成部分，特委法官和暫委法官承擔了香港法院相當部分的司法審判工作。根據 2003 年數據統計，高等法院原訟法庭全職法官 24 名，每月平均有 10 名非全職原訟法庭暫委法官在原訟法院審理案件；區域法院全職法官 30 名，每月平均有 10 名非全職區域法院暫委法官審理案件。參照 2003 年 6 月 23 日香港法院的審訊案件表，在當天的原訟法庭，有 15 名全職原訟法庭法官、11 名非全職原訟法庭暫委法官及 1 名非全職原訟法庭特委法官審理案件。在區域法院，有 8 名全職區域法院法官、13 名非全職區域法院暫委法官審理案件。在各裁判法院中，有 38 名全職裁判官及 11 名非全職暫委裁判官審理案件。[12]

特委法官和暫委法官雖然在性質上均屬於非全職法官，但是兩者之間仍然存在較大差異。

1. 特委法官和暫委法官的任職資格不完全相同。從條例規定

12　〈暫委法官與司法獨立〉，《信報財經新聞》2006 年 6 月 27 日，P23 版。

看，特委法官的任職資格要求較為單一，暫委法官的任職資格要求更為靈活。就特委法官而言，能夠獲委任為高等法院特委法官的人只能是符合《高等法院條例》第 9（1）或 9（1A）條規定資格的人；能夠獲委任為裁判法院特委裁判官的人必須符合《裁判官條例》第 5AB 條有關特委裁判官專業資格的要求。這些專業資格都要求獲委任者必須屬於在法律界全職執業的律師。就暫委法官而言，暫委法官的任職資格要求相對寬泛，其可以是有資格獲委任為特委法官的人，也可以是有資格獲委任為常任法官的人。例如委任裁判法院暫委裁判官時，終審法院首席法官可以委任有資格獲委任為常任裁判官的人，也可以委任有資格獲委任為特委裁判官的人。[13] 例如高等法院原訟法庭暫委法官的專業資格要求與高等法院法官的專業資格要求一致。[14] 同時，暫委法官的專業資格要求也相對寬泛，其既可以和特委法官專業資格要求一樣，是在法律界全職執業的律師（例如有資格獲委任為高等法院特委法官的人也符合暫委法官的專業資格要求），但也允許雖不從事全職律師執業，但具有大律師或律師資格且在下級法院或者其他部門有過任職經歷的人擔任。例如裁判法院暫委裁判官也可以是具有大律師或律師資格後，並曾經有過不少於五年經歷的律政人員或法律援助署署長（或法律援助署副署長、法律援助署助理署長或法律援助主任）或破產管理署署長（或助理破產管理署署長、或助理首席律師、高級律師或律師）或知識產權署署長（或副署長，或助理署長或高級律師或律師）。[15] 高等法院暫委法官也可以是具有大律師或律師資格後，並曾經有過至少十年經歷的區域法院法官，或終審法院司法常務官，或高等法院司法常務官、高級副司法常務官、副司法常務官或助理司法常務官；或區域法院司法常務官、副司法常務官或區域法院助

---

13 《裁判官條例》第 5A 條。
14 《高等法院條例》第 10 條。
15 《裁判官條例》第 5A 條和第 5AB 條。

理司法常務官；或裁判法院常任裁判官；或死因裁判官；或小額錢債審裁處審裁官；或勞資審裁處審裁官；或律政人員，或者法律援助署署長（或法律援助署副署長、法律援助署助理署長或法律援助主任）或破產管理署署長（或助理破產管理署署長、或助理首席律師、高級律師或律師）或知識產權署署長（或副署長，或助理署長或高級律師或律師）。[16]

2. 特委法官和暫委法官的聘任制度不同。特委法官都是從外部聘任，法院聘任法律界人士擔任，特委法官都屬於非全職法官；暫委法官的聘任制度則包括內部聘任和外部聘任兩種，內部聘任指由下一級法官或司法人員出任上一級的暫委法官，例如由全職的裁判官出任區域法院暫委法官，對此類暫委法官而言，其被聘任前是全職法官，被聘任的職位是上一級法院的非全職法官；外部聘任指從法律界人士中聘任暫委法官。

3. 特委法官和暫委法官的任命程序不同。雖然都是根據回歸前的任免制度任免，但是，特委法官和暫委法官的任命程序並不相同。回歸前特委法官的任命程序與全職法官的任命程序相同，都是由總督根據司法人員敘用委員會的推薦任命。回歸後，特委法官仍然沿用這一任命程序，由行政長官根據司法人員推薦委員會的推薦而委任，例如高等法院特委法官和裁判法院特委裁判官的任命。[17] 暫委法官實行與特委法官不同的任免程序，回歸前，香港暫委法官是由最高法院首席大法官任命。回歸後，暫委法官由終審法院首席法官根據相關法例授權而任命。例如高等法院暫委法官的任命，又如裁判法院暫委裁判官的任命。[18] 就此任命程序而言，特委法官的任命受到專業機構和行政權力的監督。暫委法官的任命具有較大任意性，委任是根據首席法

---

16 《高等法院條例》第 9（2）條。
17 《高等法院條例》第 6A 條；《裁判官條例》第 5 條。
18 《高等法院條例》第 10 條；《裁判官條例》第 5A 條。

官的意願確定，無需經過司法人員推薦委員會推薦。

4. 特委法官和暫委法官的委任情形不同。對於行政長官在何種情形之下才能委任特委法官，香港條例並沒有做特殊要求。由於特委法官委任需要經過司法人員推薦委員會推薦，因此，只要特委法官司法職位出現空缺，司法人員推薦委員會就可以向行政長官就該空缺的填補提供意見或者作出推薦，行政長官根據司法人員推薦委員會的推薦進行委任。相反，暫委法官是根據終審法院首席法官的意願任命，終審法院首席法官在何種情形之下可以委任暫委法官，要根據具體條例的規定判斷。例如高等法院暫委法官的委任，《高等法院條例》要求終審法院首席法官只能在以下情形之一時可以委任暫委法官：任何原訟法庭法官的職位因任何理由而懸空；或者終審法院首席法官為了執行司法工作的利益，有需要暫時委任一名暫委法官。[19]《區域法院條例》對於區域法院暫委法官的委任也予以相同的規定。[20]

5. 特委法官和暫委法官的司法權力限制不同。就行使審判權限而言，特委法官和暫委法官可行使同職位全職法官的所有司法管轄權、權力及特權，也履行同職位全職法官的職責。當然，特委法官和暫委法官作為非全職法官，其司法職權也可以予以限制，但這一限制應在委任狀中予以明確。就特委法官而言，行政長官在委任特委裁判官時，可以在委任狀中限制獲此委任的人可行使的司法管轄權及權力，特委裁判官須在符合其委任狀的條文下，行使在香港施行的成文法所賦予裁判官的管轄權。[21] 司法權力限制情形在暫委法官制度中更為明顯。以高等法院暫委法官委任為例，終審法院首席法官在委任高等法院暫委法官時，可以只是為了某宗指明的案件或者某種指明類別的案件委任一名暫委法官，也可以只在某段指明的期間內委任

---

19 《高等法院條例》第 10 條。

20 《區域法院條例》第 7 條。

21 《裁判官條例》第 5 條。

一名暫委法官。[22] 首席法官可以在委任條款內明確所委任的司法權限及委任期間；而且，首席法官可以在任何時間內終止一名暫委法官的委任。[23] 類似的規定也出現在區域法院暫委法官的委任，[24] 裁判法院暫委裁判官的委任 [25] 以及各專門法庭暫委成員或暫委審裁員的委任 [26] 中。

6. 特委法官和暫委法官的任期和工作時間不同。司法機構實際運作中，暫委法官和特委法官的任期和工作時間也有所不同。一般而言，特委法官的任期為三年，可再續約三年，期間每年將會被隨時徵召擔任法官四星期。[27] 暫委法官的任期比較分散，長短不一，一般以一個月為一個委任期，期滿可以連任。

22　《高等法院條例》第 10 條。

23　《高等法院條例》第 10 條。

24　《區域法院條例》第 7 條。

25　《裁判官條例》第 5A 條。

26　《土地審裁處條例》第 6A 條；《勞資審裁處條例》第 5A 條；《小額錢債審裁處》第 4A 條；《死因裁判官條例》第 3A 條。

27　〈司法獨立與結社自由：準則與平衡〉，香港公民黨呈交 2006 年 6 月 26 日立法會司法及法律事務委員會的意見書，立法會 CB(2)2281/05-06(01) 號文件，第 7 頁。

小結

　　在香港特區條例和司法系統規範中，存在著種類眾多情形複雜的法官制度。由於其不佔據香港司法機構的資源並且有著相對於全職法官而言更為簡單快捷和靈活的任免程序，非全職法官成為香港法官隊伍中一支非常重要的力量。回歸後，香港特區不僅保留了回歸前原有的非全職法官制度，而且進一步地發展和增補了多個類別的非全職法官。在香港的司法實踐中，非全職法官與全職法官共同作為香港法院審判權的行使主體，行使香港的司法權。

香港特區非全職法官制度的歷史演進*

回歸前香港的非全職法官制度

◇◇◇

一、回歸前香港的特委法官制度

關於是否參照英國的做法在回歸前的香港法院引入特委法官制度，相關討論源於 1991 年。當時香港大律師公會提議參照英國的做法設立正式的特委大法官制度，以讓私人執業大律師可以獲委任為特委大法官，定期在當時的香港「最高法院」審理案件，從事兼職法官工作。時任香港「最高法院」首席大法官（首席按察司）將此項提議交由一個工作小組研究。工作小組的成員包括一名香港高等法院大法官和一名大律師公會代表。經過研究，工作小組贊同大律師公會的建議，並就特委大法官的資格、委任條件和方法提出建議。1994 年香港《最高法院（修訂）條例草案》接納了該建議，提議在當時香港《最高法院條例》修訂中增補第 4 條「高等法院的組成」和第 6A 條「特委大法官的委任」[1]。1994 年 7 月 6 日當時的香港立法局通過了《最高法院（修訂）條例》。

修訂後的香港《最高法院條例》增補了特委大法官作為香港高等法院的人員組成的相關制度。條例第 4 條「高等法院的組成」規定

---

* 第二章至第五章部分內容曾發表於《港澳研究》2015 年第 4 期，原文題目為「香港特委法官和暫委法官制度運作的實證觀察」。

1 1994 年第 80 號第 3 條、第 5 條增補。

香港高等法院由以下人員組成：「（a）首席大法官；（b）總督委任的大法官；（ba）總督委任的特委大法官；及（c）首席大法官委任的暫委大法官」。第 6A 條「特委大法官的委任」規定了特委大法官的委任程序、條件和權限：「（1）總督可委任一名根據第 9（1）或（1A）條有資格獲委任為最高法院大法官的人為高等法院特委大法官，任期按藉以作出該委任的文書所指明者而定。（2）根據第（1）款作出的委任——（a）如屬首次委任某人為特委大法官，須藉蓋有公印的《英皇制誥》作出；（b）如屬再次委任或繼後委任以前曾獲委任的人，須藉總督認為適合的其他經由總督簽署的文書作出。（3）特委大法官具有並可行使高等法院大法官的所有司法管轄權、權力及特權，亦具有並須執行高等法院大法官的所有職責，而任何法律中凡提述此等大法官之處，須據此而解釋。」同年，香港《司法人員敘用委員會條例》進行修訂，在條例附表 1 列舉的司法職位中增補了「特委大法官」職位。[2] 據此，香港最高法院高等法院特委大法官的遴選須經由當時的香港司法人員敘用委員會推薦後，由總督委任。至此，回歸前香港在立法上正式確立了當時的香港最高法院高等法院特委大法官制度。

回歸前的香港特委大法官制度包括以下內容：（1）委任程序。特委大法官經由香港司法人員敘用委員會推薦後，由總督委任。（2）委任類型。特委大法官的委任包括首次委任、再次委任和繼後委任。（3）獲委任資格。被委任的特委大法官需具備香港《最高法院條例》第 9（1）或（1A）條規定的有資格獲委任為最高法院大法官的資格。（4）權限。特委大法官與高等法院大法官同權同責。

上述條例通過之後的第二年，即 1995 年 12 月，港英政府委任了首批特委大法官。首批獲得委任的特委大法官有三名，分別是陳景生、鄧國楨和黃福鑫特委大法官，這既是回歸前香港特委大法官的首

2　《司法人員推薦委員會條例》（香港法例第 92 章）附表 1，由 1994 年第 80 號第 12 條增補。

次委任，也是回歸前香港唯一的一次特委大法官委任。

二、回歸前香港的暫委法官制度

回歸前，早在引入特委法官制度之前，香港就已經實施了暫委法官制度，包括當時的香港最高法院暫委大法官制度和香港地方法院暫委法官制度。

（一）香港最高法院高等法院暫委大法官制度

回歸前香港最高法院高等法院實行暫委大法官制度。1987 年香港《最高法院條例》增補了「首席大法官委任的暫委大法官」為當時香港最高法院高等法院的組成人員。隨後經過 1982 年、1983 年和 1994 年三次立法修訂後，回歸前，根據香港《最高法院條例》第 10條「暫委大法官的委任」，[3] 香港建立了較為完整的高等法院暫委大法官制度：「（1）如有以下情況，首席大法官可委任一名根據第 9 條有資格獲委任為最高法院大法官的人為高等法院暫委大法官 [4]——（a）任何高等法院大法官的職位因任何理由而懸空；或（b）首席大法官認為為了執行司法工作的利益，有需要暫時委任一名暫委大法官。（1A）除第（1B）款另有規定外，任何根據第（1）款作出的委任，可在藉以作出該委任的文書的日期前某一日期開始生效。[5]（1B）第（1A）款不得當作授權任何獲如此委任的人，在該文書的日期前或在《宣誓及聲明條例》第 17 條的規定獲遵從之前，履行任何司法職能。[6]（2）除委任條款另有規定外，暫委大法官具有並可行使高等法院大法官的所有司法管轄權、權力及特權，亦具有並須履行高等法院

3　《最高法院條例》（香港法例第 4 章）第 10 條「暫委大法官的委任」，1997 年 6 月 30 日版本。

4　由 1982 年第 44 號第 3 條修訂。

5　由 1994 年第 80 號第 8 條增補。

6　由 1994 年第 80 號第 8 條增補。

大法官的所有職責，而在任何法律中凡提述此等大法官之處，須據此而解釋。（3）在不損害第（1）款所賦予首席大法官的權力的原則下，首席大法官可——（a）只為了某宗指明的案件或某種指明類別的案件根據該款委任一名暫委大法官；或（b）根據該款委任一名暫委大法官，任期只為某段指明的期間。（4）儘管第（2）款已有規定，首席大法官仍可在任何時間終止一名暫委大法官的委任。」[7]

回歸前香港最高法院高等法院暫委大法官制度主要內容包括：（1）委任程序。暫委大法官由最高法院首席大法官直接委任。（2）委任緣由。出現任何高等法院大法官職位懸空或首席大法官認為出於執行司法工作的需要時，首席大法官可委任暫委大法官。（3）獲委任資格。被委任的暫委大法官需具備香港《最高法院條例》第9條規定的有資格獲委任為最高法院大法官的資格。（4）委任期限。對暫委大法官的委任，可以是為了某宗或某類特定案件而予以委任，或為了某段指明期間委任，無論基於何種情況的委任，首席大法官都可隨時終止該委任。（5）暫委大法官的權限。暫委大法官與高等法院大法官同權同責。

（二）地方法院暫委法官制度

相比而言，香港地方法院暫委法官制度在香港引入的時間較早。經過1962年、1974年和1981年三次修訂後，香港《地方法院條例》第7條「地方法院暫委法官」構建了回歸前香港地方法院暫委法官制度。「（1）如地方法院法官的職位因該地方法院法官死亡或其他原因而懸空，首席大法官可委任適當的人為地方法院暫委法官以填補該職位，直至該職位按照第4條的條文已獲填補為止，或任期按首席大法官認為適合的其他期間而定。（2）如地方法院法官因暫時患病

7　由1983年第49號第5條修訂。

或缺席以致不能執行其職責，首席大法官可委任適當的人為地方法院暫委法官以填補該職位，直至原來的法官恢復執行其職責為止，或任期按首席大法官認為適合的其他期間而定。（3）如首席大法官認為委任適當的人出任地方法院暫委法官是適宜的，即可作此委任，任期按首席大法官認為適合的期間而定。（4）按照本條的條文所作出的每項委任可由首席大法官在任何時間終止。」[8]

回歸前香港地方法院暫委法官制度主要包括以下內容：（1）委任程序。地方法院暫委法官由最高法院首席大法官直接委任。在出現法定情形時，首席大法官有權決定委任地方法院暫委法官，並規定被委任的地方法院暫委法官的任期及終止其任期。（2）委任緣由。在出現地方法院法官的職位因該地方法院法官死亡或其他原因而懸空；或地方法院法官因暫時患病或缺席以致不能執行其職責；或首席大法官認為委任適當的人出任地方法院暫委法官是適宜時，首席大法官可委任地方法院暫委法官。（3）獲委任資格。對於暫委法官的委任資格，回歸前香港相關立法只是規定首席法官可委任「適當的人」為地方法院暫委法官，至於何為適當的人，由誰來評定誰為適當的人，條例沒有進一步細化的規定。（4）任期及委任終止。無論出於何種緣由委任了地方法院暫委法官，暫委法官的任期都可以根據「首席大法官認為適當的其他期間而定」，且「每項委任可由首席大法官在任何時間終止」。但是，對於是因為地方法院法官死亡、暫時患病或缺席而導致出現委任緣由的情況，首席大法官對於獲委任暫委法官的任期的確定必須符合法定標準，即「直至該職位按照第 4 條的條文已獲填補為止」或「直至原來的法官恢復執行其職責為止。」

8　《地方法院條例》（香港法例第 336 章）第 7 條「地方法院暫委法官」（1997 年 6 月 30 日版本）。

回歸後香港特區的非全職法官制度

◇◇◇

▌一、香港高等法院特委法官和暫委法官制度的保留

香港回歸後，根據香港基本法第 81 條第 2 款「原在香港實行的司法體制，除因設立香港特別行政區終審法院而發生變化外，予以保留」的規定，回歸前香港最高法院高等法院特委大法官和暫委大法官制度在香港回歸後得以繼續保留下來。同時，順應香港終審法院設立引發的香港各級法院稱謂的變化，有關特委大法官和暫委大法官的稱謂在回歸後做了相應的調整。原回歸前香港最高法院高等法院特委大法官改稱為香港高等法院原訟法庭特委法官；原回歸前香港最高法院高等法院暫委大法官改稱為香港高等法院原訟法庭暫委法官；原回歸前香港地方法院暫委法官改稱香港區域法院暫委法官。

在具體立法上，回歸前香港最高法院高等法院特委大法官制度以及暫委大法官制度相對比較完整，香港回歸後相關制度也得以完整地保留和沿用，迄今沒有進行實質性的修訂。因此，當前香港高等法院原訟法庭特委法官和原訟法庭暫委法官制度和回歸前的香港最高法院高等法院特委大法官和暫委大法官制度沒有差別。

▍二、區域法院暫委法官制度的修訂

　　香港區域法院暫委法官制度在回歸後發生了較大的變化。香港回歸後，地方法院改稱區域法院，地方法院暫委法官改稱區域法院暫委法官。隨後，2000 年 1 月 9 日和 2005 年 7 月 8 日，香港對《區域法院條例》第 7 條「暫委法官」條文進行了兩次重要的修訂。

（一）2000 年 1 月 9 日《區域法院條例》修訂

　　經過 2000 年 1 月 9 日修訂後，《區域法院條例》第 7 條「暫委法官」的條文如下：「（1）如有以下情況，終審法院首席法官可委任有資格獲委任為法官的人為區域法院暫委法官——（a）任何法官的職位因任何原因而懸空；或（b）終審法院首席法官認為為執行司法工作起見而需要暫時委任區域法院暫委法官。（2）區域法院暫委法官具有並可行使法官的所有司法管轄權、權力及特權，以及具有並須執行法官的所有職責。任何法律中對區域法院暫委法官的提述須據此解釋。（3）在不限制第（1）款賦予終審法院首席法官的權力的原則下，終審法院首席法官可按以下條件委任區域法院暫委法官——（a）只為某指明的案件或指明類別的案件而委任；（b）任期只屬一段指明期間。（4）終審法院首席法官可隨時終止區域法院暫委法官的委任。」對比回歸前的立法，經過 2000 年 1 月 9 日修訂後，區域法院暫委法官制度在以下方面發生了變化：

　　1. 暫時法官委任緣由。2000 年修訂將原立法中三種委任暫委法官的緣由合併為兩種情形：即「任何法官的職位因任何原因而懸空，或終審法院首席法官認為為執行司法工作起見而需要暫時委任暫委法官」。其中，第一種情形，原有立法要求只能是因為地方法院法官死亡或其他原因導致出現職位懸空，或者地方法院法官因暫時患病或缺席以致不能執行其職責時才可以委任暫委法官，但修正後的立法僅要

求出現「職位懸空」，但刪去了對「職位懸空」的具體原因要求。第二種情形，原有立法規定在首席大法官認為委任適當的人出任地方法院暫委法官是適宜時，即可進行委任，但對於何為「適當」和「適宜」沒有明確，修正後的立法增加可以委任的基本原則為「為執行司法工作起見」。

2. 暫委法官任期。修正後的立法不區分暫委法官委任的緣由，統一授予終審法院首席法官對暫委法官任期的完全裁量權，只要求是「任期只屬一段指明期間」，並同時保留了首席法官對暫委法官委任的隨時終止權。

3. 暫委法官的權力與職責。修正後的立法增加了暫委法官與區域法院全職法官同權同責的規定，即區域法院暫委法官具有並可行使法官的所有司法管轄權、權力及特權，以及具有並須執行法官的所有職責，明確了區域法院暫委法官與區域法院全職法官之間的關係。

4. 終審法院首席法官委任區域法院暫委法官的權力。修訂後的立法明確規定終審法院首席法官在委任區域法院暫委法官時，可僅為某指明的案件或指明類別的案件委任暫委法官，或只為某一段指明期間而委任暫委法官。

（二）2005 年 8 月 7 日《區域法院條例》修訂

2005 年《區域法院條例》再次修訂，其中對暫委法官委任立法中的兩個技術性細節問題予以進一步的明確。

1. 完善對委任緣由的文字表達。2000 年修訂時對於委任緣由的第一種情形表達為「任何法官的職位因任何原因而懸空」。由於該條例主要針對的是區域法院暫委法官的委任，這裏所謂的「任何法官」實際上應該是指區域法院的法官職位出現懸空，但立法措辭含糊容易被誤解為任何法院的法官的職位出現懸空，因此 2005 年修訂將其補充為「任何區域法院法官的職位因為任何原因而懸空」。

2.明確出任區域法院暫委法官的資格條件。在之前的規定中，區域法院暫委法官的委任資格條件僅僅表達為非常含糊的「首席法官可委任適當的人」，對於「適當的人」的具體標準沒有規定。2005 年修訂明確了具體標準：「根據第 5 條有資格獲委任為區域法院法官的人」。由於第 5 條為「區域法院法官的專業資格」，因此出任區域法院暫委法官的人必須符合出任區域法院法官的專業資格條件，才可以獲委任為暫委法官。

（三）修訂後的香港區域法院暫委法官制度

經過《區域法院條例》兩次實質性的立法修訂，回歸後香港區域法院暫委法官制度趨於完善。當前香港《區域法院條例》第 7 條「區域法院暫委法官的委任」條款規定如下：「（1）如有以下情況，終審法院首席法官可委任任何根據第 5 條有資格獲委任為區域法院法官的人為區域法院暫委法官 [1]——（a）任何區域法院法官的職位因任何原因而懸空；[2] 或（b）終審法院首席法官認為為執行司法工作起見而需要暫時委任區域法院暫委法官。（2）區域法院暫委法官具有並可行使區域法院法官的所有司法管轄權、權力及特權，以及具有並須執行區域法院法官的所有職責。任何法律中對區域法院暫委法官的提述須據此解釋。[3]（3）在不限制第（1）款賦予終審法院首席法官的權力的原則下，終審法院首席法官可按以下條件委任區域法院暫委法官——（a）只為某指明的案件或指明類別的案件而委任；（b）任期只屬一段指明期間。（4）終審法院首席法官可隨時終止區域法院暫委法官的委任。」

1　由 2005 年第 10 號第 145 條修訂。
2　由 2005 年第 10 號第 145 條修訂。
3　由 2005 年第 10 號第 145 條修訂。

回歸後香港特區非全職法官制度的實踐運作

◇◇◇

▎一、回歸後香港特區非全職法官制度的實施概況

香港回歸後，香港法院非全職法官制度得以保留和進一步發展。2000 年 1 月開始，香港特區政府在特區政府網站上發佈了有關非全職法官的政府委任憲報，為觀察回歸二十年香港特區非全職法官制度的實踐運作情況提供了有力的資料支持。通過香港特區政府官方網站「香港政府一站通」所設立的欄目「政府諮詢及刊物——憲報」一欄中，以「特委法官」、「原訟法庭暫委法官」和「區域法院暫委法官」為標題搜索政府委任憲報，共收集到以下資料：

1. 原訟法庭特委法官委任情況。香港《司法人員推薦委員會報告 1997—2002》第四章公佈了從 1997 年 7 月 1 日到 1999 年 12 月 31 日特委法官的委任情況，共產生 10 次委任和撤銷委任行為，其中委任行為 9 次，撤銷委任行為 1 次。香港特區政府網站刊載的憲報中顯示，2000 年 1 月到 2017 年 6 月 30 日，香港特區共發佈香港高等法院原訟法庭特委法官憲報 70 份，其中委任憲報 62 份，撤銷委任 8 份。綜合統計，從 1997 年 7 月 1 日至 2017 年 6 月 30 日二十年間，香港特區行政長官共發佈特委法官委任憲報 80 份，其中，委任特委法官憲報 71 份，撤銷特委法官委任憲報 9 份。

2. 原訟法庭暫委法官委任情況。2000 年 1 月 1 日到 2017 年 6 月

30 日，香港特區政府共發佈香港高等法院原訟法庭暫委法官憲報 1068 份，其中委任憲報 1033 份，撤銷委任憲報 3 份，終止委任憲報 32 份。

3. 區域法院暫委法官委任情況。從 2000 年 5 月到 2017 年 6 月 30 日，香港特區政府共發佈香港區域法院暫委法官委任、撤銷委任和終止委任憲報共 1314 份，其中委任憲報 1282 份，撤銷委任憲報 7 份，終止委任憲報 25 份。

二、回歸後香港特區非全職法官制度的發展特點

香港特區政府有關特委法官和暫委法官的憲報，全面反映了香港法院非全職法官的委任情況。通過多個角度分析這些憲報內容，可以發現，回歸後香港特區非全職法官的人數以及年度委任行為均呈現整體向上發展的特點。

（一）香港特區非全職法官人數增加

1. 香港高等法院特委法官

回歸前，香港僅有過一次特委大法官的委任，首批被任命的特委法官總共有三人：鄧楨、黃福鑫、陳景生。

香港回歸後，香港《高等法院條例》沒有規定在出現什麼情況時可以委任特委法官，香港其他立法也沒有對特委法官的委任緣由和員額有明確的規定，因此回歸後香港高等法院特委法官的委任以及人數沒有統一的標準。但從整體上看，回歸後香港高等法院特委法官人數比回歸前大量增加。

通過對香港特區政府發佈的特委法官委任憲報進行數據統計後發現，香港高等法院原訟法庭特委法官的年度任職人數並不固定，跨度從 8 人到 16 人。其中香港高等法院特委法官在職人數最少的是 2004 年和 2005 年，分別只有 8 名特委法官在職；人數最多的是 2006

年，當年有 16 名特委法官在職，隨後是 2007 年有 15 名特委法官在職；人數較為穩定的是 1997 年至 1999 年，2011 年至 2017 年，每年分別有 9 位特委法官在職。雖然每年在職的特委法官人數不一，但總體上，原訟法庭特委法官年度在職人數基本保持在 9 人左右。

圖 2-1：香港高等法院原訟法庭特委法官年度在職人數
（1995 年至 2017 年）

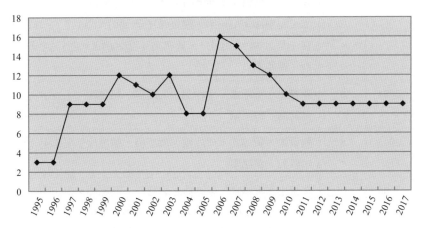

表 2-1：香港高等法院原訟法庭特委法官年度在職名單
（1995 年至 2017 年）

年份	人數	名單
1995	3	陳景生、鄧國楨、黃福鑫
1996	3	陳景生、鄧國楨、黃福鑫
1997	9	陳景生、鄧國楨、黃福鑫、梁冰濂、郭慶偉、駱應淦、王正宇、羅正威、李義
1998	9	陳景生、鄧國楨、黃福鑫、梁冰濂、郭慶偉、駱應淦、王正宇、羅正威、李義
1999	9	陳景生、鄧國楨、黃福鑫、梁冰濂、郭慶偉、駱應淦、王正宇、羅正威、李義（至 1999.7.18 止）
2000	12	陳景生、鄧國楨、黃福鑫、梁冰濂、郭慶偉、駱應淦、王正宇、羅正威（至 2000.11.30 止）、廖長城、李志喜、馬道立、倫明高

年份	人數	名單
2001	11	陳景生、鄧楨、黃福鑫、梁冰濂、郭慶偉、駱應淦、王正宇、廖長城、李志喜、馬道立（至 2001.12.2 止）、倫明高
2002	10	陳景生、鄧楨、黃福鑫、梁冰濂、郭慶偉、駱應淦、王正宇、廖長城、李志喜、倫明高
2003	12	陳景生、鄧楨（至 2004.4.1 止）、黃福鑫、梁冰濂、郭慶偉、駱應淦、王正宇、廖長城（至 2003.11.30 止）、李志喜（至 2003.11.30 止）、倫明高（至 2003.9.4 止）、余若海、霍兆剛
2004	8	陳景生、黃福鑫、梁冰濂、郭慶偉、駱應淦、王正宇、余若海、霍兆剛
2005	8	陳景生、黃福鑫、梁冰濂、郭慶偉、駱應淦、王正宇、余若海、霍兆剛
2006	16	陳景生、黃福鑫、梁冰濂、郭慶偉、駱應淦、王正宇（至 2006.11.30 止）、余若海、霍兆剛、馮柏棟、麥高義、麥機智、何沛謙、翟紹唐、陳健強、袁國強、石永泰
2007	15	陳景生（至 2007.11.30 止）、黃福鑫（至 2007.11.30 止）、梁冰濂、郭慶偉、駱應淦、余若海、霍兆剛、馮柏棟、麥高義、麥機智、何沛謙、翟紹唐、陳健強、袁國強、石永泰
2008	13	梁冰濂、郭慶偉、駱應淦、余若海、霍兆剛、馮柏棟、麥高義（至 2008.12.31 止）、麥機智、何沛謙、翟紹唐、陳健強、袁國強、石永泰
2009	12	梁冰濂（至 2009.11.30 止）、郭慶偉（至 2009.11.30 止）、駱應淦（至 2009.11.30 止）、余若海、霍兆剛（至 2009.11.30 止）、馮柏棟、麥機智、何沛謙、翟紹唐、陳健強、袁國強、石永泰
2010	10	余若海、馮柏棟、麥機智（至 2010.4.11 止）、何沛謙、翟紹唐、陳健強、袁國強、石永泰、黃旭倫、周家明

年份	人數	名單
2011	9	余若海、馮柏棟、何沛謙、翟紹唐、陳健強、袁國強、石永泰、黃旭倫、周家明
2012	9	余若海（至 2012.11.30 止）、馮柏棟、何沛謙、翟紹唐、陳健強（至 2012.10.31 止）、袁國強（至 2012.6.30 止）、石永泰、黃旭倫（至 2012.12.31 止）、周家明
2013	9	馮柏棟、何沛謙、翟紹唐、石永泰、周家明、鮑永年、黃國瑛、高浩文、何東鳴
2014	9	馮柏棟（至 2014.12.31 止）、何沛謙（至 2014.12.31 止）、翟紹唐（至 2014.12.31 止）、石永泰（至 2014.12.31 止）、周家明（至 2014.7.31 止）、鮑永年、黃國瑛、高浩文、何東鳴
2015	9	鮑永年、黃國瑛、高浩文、何東鳴、鄭若驊、譚允芝、黃繼明、陳靜芬、韋浩德
2016	9	鮑永年、黃國瑛、高浩文、何東鳴、鄭若驊、譚允芝、黃繼明、陳靜芬、韋浩德
2017	9	鮑永年、黃國瑛（至 17.3.24）、高浩文、何東鳴、鄭若驊、譚允芝、黃繼明、陳靜芬、韋浩德

2. 香港高等法院原訟法庭暫委法官

回歸後香港高等法院原訟法庭暫委法官的年度在職人數也呈現整體上升趨勢。對 2000 年 1 月 1 日至 2017 年 6 月 30 日香港特區發佈的 1068 份原訟法庭暫委法官委任憲報進行數據分析和統計，可以發現，香港高等法院原訟法庭暫委法官的年度在職人數基本在 12 人至 39 人之間。其中，原訟法庭暫委法官在職人數最多的年份是 2016 年，有 39 名暫委法官；人數最少的是 2010 年，有 12 名暫委法官。

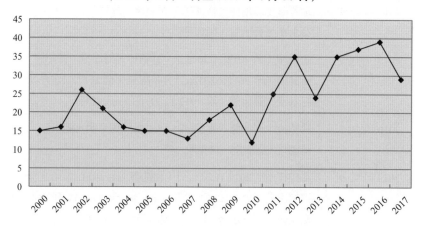

圖 2-2：香港高等法院原訟法庭暫委法官年度在職人數
（2000 年 1 月 1 日至 2017 年 6 月 30 日）

表 2-2：香港高等法院原訟法庭暫委法官年度在職名單
（2000 年 1 月 1 日至 2017 年 6 月 30 日）

年份	人數	名單
2000	15	龍禮、黃永輝、姬大維、杜溎峰、麥明康、鄔禮賢、湯寶臣、朱芬齡、關淑馨、韓敬善、麥卓智、杜麗冰、韋理義、張慧玲、潘兆初
2001	16	龍禮、姬大維、杜溎峰、麥明康、鄔禮賢、關淑馨、麥卓智、杜麗冰、韋理義、張慧玲、潘兆初、林文瀚、麥高義、Michael Bunting、張舉能、馮驊
2002	26	龍禮、姬大維、杜溎峰、鄔禮賢、麥卓智、杜麗冰、韋理義、張慧玲、潘兆初、林文瀚、麥高義、張舉能、馮驊、王見秋、辛達誠、芮安牟、湯家驊、黃敏傑、彭偉昌、麥機智、韋毅志、郭靄誠、余若海、丁雅賢、賴磐德、Mr. Aarif Tyebjee Barma
2003	21	龍禮、姬大維、杜溎峰、麥卓智、杜麗冰、張慧玲、潘兆初、林文瀚、張舉能、馮驊、彭偉昌、麥機智、韋毅志、郭靄誠、丁雅賢、賴磐德、Mr. Aarif Tyebjee Barma、何沛謙、潘敏琦、彭中屏、黃仁龍、
2004	16	龍禮、姬大維、杜溎峰、麥卓智、杜麗冰、張慧玲、潘兆初、馮驊、辛達誠、彭偉昌、韋毅志、郭靄誠、潘敏琦、翟紹唐、陳江耀、梅賢玉

年份	人數	名單
2005	15	龍禮、姬大維、杜溎峰、麥卓智、杜麗冰、張慧玲、潘兆初、馮驊、彭偉昌、韋毅志、郭靄誠、賴磐德、潘敏琦、陳江耀、梅賢玉
2006	15	龍禮、姬大維、杜溎峰、麥卓智、杜麗冰、張慧玲、潘兆初、馮驊、辛達誠、彭偉昌、韋毅志、賴磐德、潘敏琦、陳江耀、梁紹中
2007	13	龍禮、姬大維、杜溎峰、麥卓智、杜麗冰、彭偉昌、郭靄誠、賴磐德、潘敏琦、陳江耀、簡士勳、夏利士、馬永新
2008	18	龍禮、姬大維、杜溎峰、杜麗冰、彭偉昌、郭靄誠、賴磐德、潘敏琦、陳江耀、梅賢玉、簡士勳、夏利士、馬永新、黃國瑛、區慶祥、麥健濤、黃旭倫、蔡源福
2009	22	蔡源福、韋仕博、馬永新、周家明、簡士勳、包華禮、龍禮、麥健濤、陳江耀、杜溎峰、郭靄誠、潘敏琦、區慶祥、黃旭倫、賴磐德、彭偉昌、杜麗冰、夏利士、李瀚良、陳慶偉、梅賢玉、貝偉和
2010	12	龍禮、陳江耀、郭靄誠、梅賢玉、司徒冕、馬永新、鄧樂勤、杜麗冰、歐陽桂如、李瀚良、陳慶偉、高浩文
2011	25	貝偉和、鮑永年、譚允芝、黃國瑛、鄭若驊、龍禮、孫國治、杜麗冰、歐陽桂如、高浩文、梅賢玉、司徒冕、陳美蘭、李瀚良、陳慶偉、鄧樂勤、甄孟義、簡士勳、陳江耀、韋浩德、郭靄誠、林雲浩、陸啟康、Mr. Anthony Houghton、黃崇厚
2012	35	黃崇厚、貝偉和、黃國瑛、吳嘉輝、馬永新、石仲廉、杜麗冰、譚允芝、彭寶琴、李瀚良、Mr. Anthony Houghton、歐陽桂如、陳慶偉、孫國治、鮑永年、郭靄誠、陳江耀、陸啟康、陳美蘭、辛達誠、司徒冕、邱智立、施鈞年、麥明康、郭美超、甄孟義、韋浩德、韋毅志、朱佩瑩、梅賢玉、高浩文、胡國慶、鄭若驊、簡士勳、楊家雄

年份	人數	名單
2013	24	麥明康、辛達誠、梅賢玉、馬永新、黃國瑛、貝偉和、司徒冕、鄭若驊、孫國治、陸啟康、黃崇厚、彭寶琴、邱智立、郭美超、施鈞年、朱佩瑩、胡國慶、吳美玲、梁俊文、陳靜芬、黃繼明、李紹強、夏正民、林孟達
2014	35	潘兆童、鄧立泰、李素蘭、貝偉和、郭美超、施鈞年、韋毅志、貝珊、陳嘉信、司徒冕、黃繼明、胡國興、譚允芝、陳靜芬、余啟肇、朱佩瑩、馮庭碩、黃崇厚、郭美超、孫國治、韋浩德、馬永新、麥明康、辛達誠、吳美玲、陸啟康、彭耀鴻、鄭若驊、邱智立、梅賢玉、麥明康、祁彥輝、李紹強、鄭蕙心、朱珮瑩
2015	37	黃崇厚、貝偉和、高樂賢、郭美超、施鈞年、司徒冕、石輝、胡國興、林定國、金貝理、吳美玲、麥明康、孫國治、朱珮瑩、陸啟康、邱智立、余啟肇、貝珊、辛達誠、萬崇理、馮庭碩、游德康、包鍾倩薇、李素蘭、鄧立泰、潘兆童、陳嘉信、葉巧琦、郭慶偉、彭耀鴻、陳廣池、馬永新、葉靜思、李紹強、吳美玲、賴磐德、祁彥輝
2016	39	郭美超、杜大衛、余啟肇、施鈞年、林定國、陳廣池、郭啟安、司徒冕、胡國興、包鍾倩薇、金貝理、賴磐德、潘兆童、李素蘭、高樂賢、邵德煒、麥明康、辛達誠、馮庭碩、陳嘉信、貝珊、陳仲衡、李紹強、郭慶偉、馬永新、彭耀鴻、布思義、葉靜思、游德康、孫國治、范堯輝、彭中屏、余啟肇、李運騰、孔思和、祁彥輝、萬崇理、吳美玲、馮柏棟
2017	29	潘兆童、黃文傑、李素蘭、陳嘉信、郭美超、陳仲衡、林定國、貝偉和、包鍾倩薇、葉巧琦、胡雅文、藍德業、孔思和、高樂賢、祁彥輝、陳廣池、司徒冕、葉靜思、杜淐峰、施鈞年、麥明康、黃永恩、郭慶偉、李運騰、彭中屏、辛達誠、孫國治、邵德煒、范禮尊

3. 香港區域法院暫委法官

香港區域法院暫委法官的人數相對較多。2000 年 5 月至 2017 年
6 月 30 日，香港特區政府發佈的 1314 份區域法院暫委法官委任憲
報，通過數據分析和統計，區域法院暫委法官的年度在職人數在 18
至 53 人之間。其中，在職人數最多的是 2016 年，有 53 位區域法院
暫委法官在職；其次是 2006 年和 2015 年，各有 42 名區域法院暫委
法官；人數最少的是 2000 年，只有 18 位區域法院暫委法官；次之是
2004 年，有 21 名區域法院暫委法官。

圖 2-3：香港區域法院暫委法官年度在職人數
（2000 年 5 月至 2017 年 6 月 30 日）

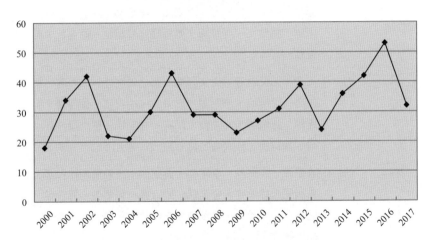

表 2-3：香港區域法院暫委法官年度在職名單
（2000 年 5 月至 2017 年 6 月 30 日）

年份	人數	名單
2000	17	祁雅年、陸啟康、唐文、何禧蓮、曾健仕、李素蘭、錢禮、梁榮宗、阮偉明、簡士勳、馬保華、羅麗娟、鮑理賢、莊景傑、葛倩兒、練錦鴻、麥理庭

年份	人數	名單
2001	34	錢禮、羅麗娟、葛倩兒、李素蘭、鮑理賢、練錦鴻、唐文、曾健仕、麥理庭、馬漢璋、祁士偉、郭偉健、簡達仁、羅雪梅、李唯治、麥健濤、周紹和、杜大衛、葉佐文、郭啟安、羅德泉、韋達、黃一鳴、鄧立泰、李慧思、麥業成、唐慕賢、陳江耀、文偉新、衛以寬、邱智立、余敏奇、莊景傑、沈小民
2002	42	陳慶偉、祁士偉、葛倩兒、周紹和、李慧思、莊景傑、余敏奇、羅雪梅、郭啟安、羅德泉、黃一鳴、鄧立泰、唐慕賢、文偉新、衛以寬、沈小民、邱智立、阮偉明、李何禧蓮、曾健仕、鮑理賢、麥健濤、許肇強、黃麗君、艾家敦、施萬德、周燕珠、黃篤清、林清培、朱佩瑩、唐文、葉佐文、李素蘭、李唯治、陳嘉信、彭中屏、胡雅文、周慧珠、麥理庭、蘇紹聰、簡達仁、郭天穗
2003	22	馬漢璋、吳蕙芳、唐文、黃一鳴、曾健仕、周燕珠、葉佐文、李唯治、李素蘭、彭中屏、胡雅文、麥理庭、簡達仁、許肇強、吳美玲、錢禮、林鉅溥、黃崇厚、許家灝、練錦鴻、杜大衛、葛倩兒
2004	21	許家灝、許肇強、李素蘭、黃崇厚、練錦鴻、杜大衛、葛倩兒、林偉權、勞潔儀、衛以寬、麥健濤、鄧立泰、唐慕賢、李瀚良、陳振國、李唯治、陳慶偉、鮑理賢、胡周婉文、陳玲玲、文偉新
2005	30	李慧思、葛倩兒、鄧立泰、黃一鳴、吳蕙芳、唐慕賢、李瀚良、鮑理賢、周婉文、陳玲玲、郭偉健、曾健仕、林鉅溥、姚勳智、高勁修、勞潔儀、陳振國、馬保華、吳承威、馬漢璋、錢禮、胡雅文、祁士偉、黃敬華、葉佐文、麥理庭、陳仲衡、阮偉明、陳錦昌、艾家敦

年份	人數	名單
2006	43	勞潔儀、杜大衛、莊景傑、郭啟安、邱智立、潘兆童、李素蘭、錢禮、陳錦昌、陳家殷、黃一鳴、唐慕賢、吳蕙芳、梁俊文、黃汝榮、沈智慧、麥健濤、祁士偉、葛倩兒、陳美蘭、區慶祥、葉佐文、黃永輝、黃篤清、周紹和、練錦鴻、沈小民、彭中屏、周燕珠、陳振國、嚴舜儀、游德康、黃崇厚、Mrs. Sharon Dawn Melloy、羅雪梅、李唯治、鄧立泰、阮偉明、陳慶偉、胡雅文、陳玲玲、張威達、馬保華
2007	29	練錦鴻、陳錦昌、羅雪梅、李唯治、鄧立泰、陳仲衡、阮偉明、文偉新、唐慕賢、曾健仕、陳玲玲、祁士偉、葛倩兒、錢禮、勞潔儀、潘兆童、馬保華、郭啟安、黃敬華、嚴舜儀、沈小民、陳振國、姚勳智、周燕珠、葉佐文、林鉅溥、杜大衛、林偉權、高勁修
2008	29	黃敬華、曾健仕、彭中屏、黃崇厚、陳振國、王興偉、姚勳智、游德康、陳玲玲、葛倩兒、吳蕙芳、鄧漢標、郭啟安、陳錦昌、嘉理仕、胡雅文、黃篤清、許偉強、阮偉明、馬保華、沈小民、葉佐文、陳慶輝、陳仲衡、周燕珠、林偉權、彭耀鴻、鄭淑儀、杜大衛
2009	23	黃敬華、鄭明斌、黃崇厚、陳振國、李唯治、鄧立泰、麥兆祥、姚勳智、陳玲玲、葛倩兒、徐偉南、郭啟安、林國輝、沈小民、葉佐文、陳仲衡、周燕珠、林偉權、祁士偉、胡雅文、岑炳生、陳錦昌、彭耀鴻
2010	27	林嘉欣、吳蕙芳、陳鴻興、彭中屏、余啟肇、陳玲玲、葛倩兒、李慶年、陳宇文、雷健文、胡雅文、余敏奇、鄭紀航、嚴舜儀、關兆明、杜淦堃、錢禮、杜大衛、歐陽浩榮、陳仲衡、梁國安、莫子應、阮偉明、徐嘉華、勞傑民、黃健棠、黃若鋒

年份	人數	名單
2011	31	郭啟安、余敏奇、嚴舜儀、陳嘉信、郭偉健、鄭紀航、翁喬奇、勞潔儀、林偉權、阮偉明、周燕珠、勞傑民、黃健棠、沈小民、祁士偉、胡雅文、李慶年、李煥文、葛倩兒、蘇明哲、Mr. Colin Andrew Shipp、歐陽浩榮、鍾加康、許家灝、陳玉芬、李慕潔、蘇文隆、林嘉欣、余啟肇、鍾偉強、彭中屏
2012	39	余敏奇、謝沈智慧、杜浩成、鄭紀航、梁國安、吳蕙芳、錢禮、練錦鴻、陳鴻興、郭啟安、翁喬奇、許家灝、陳永豪、陳玉芬、嚴舜儀、鍾偉傑、陳仲衡、蘇文隆、勞傑民、陳嘉信、林嘉欣、梁寶儀、葛倩兒、郭偉健、彭中屏、陳玲玲、許文恩、李慶年、張天任、杜大衛、沈小民、林偉權、胡雅文、Mr. Warren Patrick Ganesh、黃禮榮、龍禮、郭靄誠、杜淦堃、毛樂禮
2013	24	余敏奇、陳玲玲、黎達祥、譚利祥、黃禮榮、郭靄誠、蘇惠德、葉樹培、嚴舜儀、彭家光、勞傑民、陳玉芬、葛倩兒、翁喬奇、龍禮、黃慶春、Mr. Sanjay Arjan Sakhrani、伍兆榮、張君銘、藍德業、何展鵬、雷健文、黎雅雯、謝沈智慧
2014	36	祁士偉、沈其亮、蔡維邦、周紹和、麥國昌、羅志霖、蕭朝堅、黃禮榮、嚴舜儀、烏佩貞、陳連基、陳玲玲、彭家光、周博芬、何世文、陳玉芬、雷健文、羅麗萍、葛倩兒、翁喬奇、謝沈智慧、梁偉強、溫紹明、潘展平、陳慧敏、黃偉權、何展鵬、林定韻、徐韻華、韋漢熙、黃國輝、藍德業、葉祖耀、施善政、林美施、黎達祥

年份	人數	名單
2015	42	謝沈智慧、翁喬奇、吳港法、周博芬、何慧榮、何世文、陳聰枋、陳慧敏、鄭念慈、熊健民、徐韻華、黃偉權、溫紹明、黃禮榮、陳玲玲、李國威、廖玉玲、彭家光、練錦鴻、徐綺薇、汪祖耀、陳玉芬、嚴舜儀、葉樹培、伍兆榮、葛倩兒、吳敏生、譚利祥、張金良、黃瑞珊、沈偉民、何展鵬、廖文健、麥國昌、杜浩成、張潔宜、李冠雄、廖建華、凌振威、杜潔玲、施善政、羅麗萍
2016	53	譚利祥、徐韻華、張志偉、廖文健、周博芬、溫紹明、麥國昌、張天任、黃瑞珊、許卓倫、黃禮榮、施善政、李冠雄、黃偉權、鄧少雄、萬可宜、沈偉民、陳玲玲、彭家光、林美施、鄭頌平、吳港發、杜浩成、高偉雄、陳玉芬、羅麗萍、林展程、張金良、吳敏生、錢禮、何慧榮、葛倩兒、謝沈智慧、翁喬奇、郭錦蕙、李慶年、張志偉、何世文、陳聰枋、杜潔玲、李紹豪、熊健民、廖玉玲、張天雁、鄭念慈、鄭麗珊、王詩麗、葛倩兒、劉綺雲、蘇文隆、陳錦泉、盧君政、廖玉玲
2017	32	蘇嘉賢、張志偉、葛倩兒、翁喬齊、陳玉芬、黃禮榮、徐韻華、林展程、梁兆東、馬嘉駿、雷健文、周博芬、張金良、葉煥信、黃樂豪、麥國昌、鄭麗珊、李紹豪、葉樹培、林美施、彭家光、何世文、陳玲玲、溫紹明、沈其亮、陳慧敏、吳港發、譚利祥、謝沈智慧、練錦鴻、周燕珠、嚴舜儀

（二）非全職法官的年度委任和撤銷委任行為比較活躍

　　與香港非全職法官數量上升趨勢相適應，香港非全職法官的年度委任和撤銷委任行為也呈現出較為活躍狀態。[1]

1　由於特委法官和暫委法官的任職期間並非一年一任，可能是跨年度任職，也可能只有很短的一個月或數月任職，因此年度在職人數與年度委任行為數據並不一一對應。

1. 香港高等法院特委法官的年度委任和撤銷委任情況

綜合香港《司法人員推薦委員會報告 1997-2002》和香港特區政府憲報，從 1997 年 7 月 1 日至 2017 年 6 月 30 日二十年間，香港特區行政長官共發佈特委法官憲報 80 份，其中委任特委法官憲報 71 份，撤銷特委法官委任憲報 9 份；共委任特委法官 29 人，撤銷特委法官委任 8 人。

圖 2-4：香港高等法院原訟法庭特委法官年度委任憲報發佈情況
（1997 年 7 月 1 日到 2017 年 6 月 30 日）

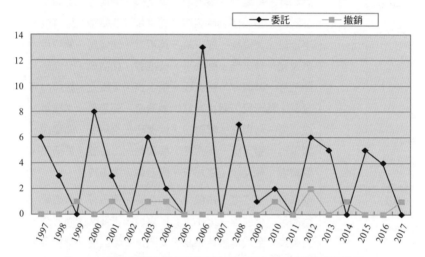

表 2-4：香港高等法院原訟法庭特委法官年度委任憲報統計
（1997 年 7 月 1 日至 2017 年 6 月 30 日）

年份	1997	1998	1999	2000	2001	2002	2003	2004	2005	2006	2007	2008	2009	2010	2011	2012	2013	2014	2015	2016	2017	總計
委任	6	3	0	8	3	0	6	2	0	13	0	7	1	2	0	6	5	0	5	4	0	71
撤銷	0	0	1	0	1	0	1	1	0	0	0	0	0	1	0	2	0	1	0	0	1	9
總計	6	3	1	8	4	0	7	3	0	12	0	7	1	3	0	8	5	1	5	4	1	80

表 2-5：香港高等法院原訟法庭特委法官年度委任名單

（1997 年 7 月 1 日至 2017 年 6 月 30 日）

年份	委任（人數和名字）	撤銷委任	期滿未再獲得委任
1997	6：梁冰濂、郭慶偉、駱應淦、王正宇、李義、羅正威	0	0
1998	3：陳景生、鄧國楨、黃福鑫	0	0
1999	0	1：李義	0
2000	8：梁冰濂、郭慶偉、駱應淦、王正宇、廖長城、李志喜、馬道立，倫明高	0	1：羅正威
2001	3：陳景生、鄧楨、黃福鑫	1：馬道立	0
2002	0	0	0
2003	6：梁冰濂、郭慶偉、駱應淦、王正宇、余若海、霍兆剛	1：倫明高	2：廖長城、李志喜
2004	2：陳景生、黃福鑫	1：鄧楨	0
2005	0	0	0
2006	13：梁冰濂、郭慶偉、駱應淦、余若海、霍兆剛、馮柏棟、麥高義、麥機智、何沛謙、翟紹唐、陳健強、袁國強、石永泰	0	1：王正宇
2007	0	0	2：陳景生、黃福鑫
2008	0	0	1: 麥高義
2009	8：余若海、馮柏棟、麥機智、何沛謙、翟紹唐、陳健強、袁國強、石永泰	0	4：梁冰濂、郭慶偉、駱應淦、霍兆剛
2010	2：黃旭倫、周家明	1：麥機智	0
2011	0	0	0

年份	委任（人數和名字）	撤銷委任	期滿未再獲得委任
2012	6：馮柏棟、何沛謙、翟紹唐、陳健強、袁國強、石永泰	2：袁國強、陳健強	2: 余若海、黃旭倫
2013	5：周家明、鮑永年、黃國瑛、高浩文、何東鳴	0	0
2014	0	1: 周家明	0
2015	5：鄭若驊、譚允芝、黃繼明、陳靜芬、韋浩德	0	4：馮柏棟、何沛謙、翟紹唐、石永泰
2016	4：鮑永年、黃國瑛、高浩文、何東鳴	0	0
2017	0	1: 黃國瑛	0

　　從年度分佈上看，（1）有 5 個年度（2002 年、2005 年、2007 年、2008 年和 2011 年）沒有發生特委法官的任免情況。（2）有 5 個年度（2001 年、2003 年、2004 年、2010 年和 2012 年）同時刊發特委法官的委任和撤銷委任憲報，表明該年度既委任了特委法官，也撤銷了原有的特委法官任命。（3）有 8 個年度（1997 年、1998 年、2000 年、2006 年、2009 年、2013 年、2015 年和 2016 年）只刊發了特委法官的委任憲報，表明該年度只委任了特委法官。（4）有 3 個年度（1999 年、2014 年和 2017 年度）只刊發了特委法官的撤銷委任憲報，表明該年度只撤銷了原有特委法官的任命。

　　就具體年度的委任和撤銷委任行為而言，1997 年香港回歸後，原於 1997 年 7 月 1 日前已經在任的 3 名特委法官繼續擔任特委法官。1997 年 7 月 1 日到 1997 年 12 月 31 日香港特區首次委任 6 名高等法院特委法官。1998 年再次委任 3 名特委法官。1999 年沒有委

任特委法官，撤銷 1 名特委法官的委任。[2]2000 年，委任 8 名特委法官（4 名是再次委任，4 名是首次委任）。2001 年再次委任 3 名特委法官，撤銷 1 名特委法官的委任。2002 年沒有委任和撤銷委任特委法官。2003 年委任 6 名特委法官（4 名是再次委任，2 名是首次委任），撤銷 1 名特委法官的委任。2004 年再次委任 2 名特委法官，撤銷 1 名特委法官的委任。2005 年沒有委任和撤銷委任特委法官。2006 年委任 13 名特委法官（5 名是再次委任，8 名是首次委任）。2007 年沒有委任和撤銷委任特委法官。2008 年沒有委任和撤銷委任特委法官。2009 再次委任 8 名特委法官。2010 年首次委任 2 名特委法官，撤銷 1 名特委法官的委任。2011 年沒有委任和撤銷特委法官的委任。2012 年再次委任 6 名特委法官，撤銷 2 名特委法官的委任。2013 年委任 5 名特委法官（4 名是首次委任，1 名是再次委任）。2014 年撤銷委任 1 名特委法官。2015 年委任了 5 名特委法官（5 位法官均為首次委任）。2016 年再次委任了 4 名特委法官。2017 年撤銷委任 1 名特委法官。

2. 香港高等法院原訟法庭暫委法官的委任和撤銷委任情況

從 2000 年 1 月 1 日到 2017 年 6 月 30 日香港特區共發佈原訟法庭暫委法官憲報 1068 份，其中委任憲報 1033 份，撤銷委任憲報 3 份，終止委任憲報 32 份。

2　1997 年 7 月 1 日到 1999 年 12 月 31 日的委任數據，參見《司法人員推薦委員會報告 1997-2000》，第 9 頁。

圖 2-5：香港高等法院原訟法庭暫委法官年度委任憲報發佈情況

（2000 年 1 月 1 日至 2017 年 6 月 30 日）

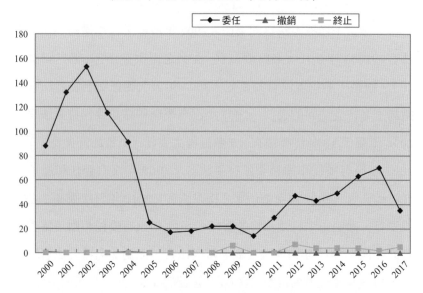

表 2-6：香港高等法院原訟法庭暫委法官年度委任憲報統計

（2000 年 1 月 1 日至 2017 年 6 月 30 日）

年份	2000	2001	2002	2003	2004	2005	2006	2007	2008	2009	2010	2011	2012	2013	2014	2015	2016	2017	總計
委任	88	132	153	115	91	25	17	18	22	22	14	29	47	43	49	63	70	35	1033
撤銷	1	0	0	0	1	0	0	0	0	0	0	1	0	0	0	0	0	0	3
終止	0	0	0	0	0	0	0	0	0	6	0	0	7	4	4	4	2	5	32
總計	89	132	153	115	92	25	17	18	22	28	14	30	54	47	53	67	72	39	1068

表 2-7：香港高等法院原訟法庭暫委法官年度委任名單

（2000 年 1 月 1 日至 2017 年 6 月 30 日）

年份	委任（人數和名字）	撤銷委任	終止委任
2000	15：龍禮、黃永輝、姬大維、杜溎峰、麥明康、鄔禮賢、湯寶臣、朱芬齡、關淑馨、韓敬善、麥卓智、杜麗冰、韋理義、張慧玲、潘兆初	1：韓敬善	0

年份	委任（人數和名字）	撤銷委任	終止委任
2001	16：潘兆初、龍禮、姬大維、杜洪峰、麥明康、麥卓智、韋理義、杜麗冰、張慧玲、鄔禮賢、關淑馨、林文瀚、麥高義、Michael Bunting、張舉能、馮驊	0	0
2002	26：龍禮、姬大維、杜洪峰、麥卓智、韋理義、林文瀚、張舉能、杜麗冰、張慧玲、鄔禮賢、潘兆初、王見秋、辛達誠、芮安牟、湯家驊、麥高義、黃敏傑、馮驊、彭偉昌、麥機智、韋毅志、郭靄誠、余若海、丁雅賢、賴磐德、Mr. Aarif Tyebjee Barma	0	0
2003	21：張慧玲、杜洪峰、林文瀚、張舉能、馮驊、彭偉昌、韋毅志、郭靄誠、丁雅賢、賴磐德、潘兆初、Mr. Aarif Tyebjee Barma、姬大維、何沛謙、麥卓智、潘敏琦、麥機智、龍禮、彭中屏、黃仁龍、杜麗冰	0	0
2004	16：姬大維、杜洪峰、潘敏琦、麥卓智、龍禮、杜麗冰、潘兆初、辛達誠、馮驊、張慧玲、翟紹唐、韋毅志、彭偉昌、陳江耀、梅賢玉、郭靄誠	1：龍禮	0
2005	15：麥卓智、姬大維、賴磐德、陳江耀、彭偉昌、馮驊、潘兆初、張慧玲、杜麗冰、杜洪峰、潘敏琦、郭靄誠、梅賢玉、龍禮、韋毅志	0	0
2006	15：梁紹中、韋毅志、杜麗冰、陳江耀、杜洪峰、潘敏琦、馮驊、麥卓智、姬大維、賴磐德、龍禮、彭偉昌、潘兆初、張慧玲、辛達誠	0	0

年份	委任（人數和名字）	撤銷委任	終止委任
2007	13：杜麗冰、陳江耀、杜湛峰、郭靄誠、潘敏琦、麥卓智、姬大維、賴磐德、龍禮、彭偉昌、簡士勳、夏利士、馬永新	0	0
2008	18：姬大維、賴磐德、彭偉昌、黃國瑛、杜麗冰、馬永新、簡士勳、區慶祥、龍禮、麥健濤、陳江耀、杜湛峰、夏利士、郭靄誠、潘敏琦、梅賢玉、黃旭倫、蔡源福	0	0
2009	22：蔡源福、韋仕博、馬永新、周家明、簡士勳、包華禮、龍禮、麥健濤、陳江耀、杜湛峰、郭靄誠、潘敏琦、區慶祥、黃旭倫、賴磐德、彭偉昌、杜麗冰、夏利士、李瀚良、陳慶偉、梅賢玉、貝偉和	0	6：杜湛峰、賴磐德、潘敏琦、彭偉昌、麥健濤、區慶祥
2010	12：龍禮、陳江耀、郭靄誠、梅賢玉、司徒冕、馬永新、鄧樂勤、杜麗冰、歐陽桂如、李瀚良、陳慶偉、高浩文	0	0
2011	25：貝偉和、鮑永年、譚允芝、黃國瑛、鄭若驊、龍禮、孫國治、杜麗冰、歐陽桂如、高浩文、梅賢玉、司徒冕、陳美蘭、李瀚良、陳慶偉、鄧樂勤、甄孟義、簡士勳、陳江耀、韋浩德、郭靄誠、林雲浩、陸啟康、Mr. Anthony Houghton、黃崇厚	1：鄧樂勤	0

年份	委任（人數和名字）	撤銷委任	終止委任
2012	35：黃崇厚、貝偉和、黃國瑛、吳嘉輝、馬永新、石仲廉、杜麗冰、譚允芝、彭寶琴、李瀚良、Mr. Antoony Houghton、歐陽桂如、陳慶偉、孫國治、鮑永年、郭靄誠、陳江耀、陸啟康、陳美蘭、辛達誠、司徒冕、邱智立、施鈞年、麥明康、郭美超、甄孟義、韋浩德、韋毅志、朱佩瑩、梅賢玉、高浩文、胡國慶、鄭若驊、簡士勳、楊家雄	0	7：歐陽桂如、李瀚良、杜麗冰、陳江耀、陳慶偉、陳美蘭、麥明廉
2013	24：麥明康、辛達誠、梅賢玉、馬永新、黃國瑛、貝偉和、司徒冕、鄭若驊、孫國治、陸啟康、黃崇厚、彭寶琴、邱智立、郭美超、施鈞年、朱佩瑩、胡國慶、吳美玲、梁俊文、陳靜芬、黃繼明、李紹強、夏正民、林孟達	0	4：黃國瑛、辛達誠、郭美超、彭寶琴
2014	35：潘兆童、鄧立泰、李素蘭、貝偉和、郭美超、施鈞年、韋毅志、貝珊、陳嘉信、司徒冕、黃繼明、胡國興、譚允芝、陳靜芬、余啟肇、朱佩瑩、馮庭碩、黃崇厚、郭美超、孫國治、韋浩德、馬永新、麥明康、辛達誠、吳美玲、陸啟康、彭耀鴻、鄭若驊、邱智立、梅賢玉、麥明康、祁彥輝、李紹強、鄭蕙心、朱佩瑩		4：麥明康、郭美超、吳美玲、譚允芝

年份	委任（人數和名字）	撤銷委任	終止委任
2015	37：黃崇厚、貝偉和、高樂賢、郭美超、施鈞年、司徒冕、石輝、胡國興、林定國、金貝理、吳美玲、麥明康、孫國治、朱珮瑩、陸啟康、邱智立、余啟肇、貝珊、辛達誠、萬崇理、馮庭碩、游德康、包鍾倩薇、李素蘭、鄧立泰、潘兆童、陳嘉信、葉巧琦、郭慶偉、彭耀鴻、陳廣池、馬永新、葉靜思、李紹強、吳美玲、賴磐德、祁彥輝		4：朱珮瑩、陸啟康、邱智立、黃崇厚
2016	39：郭美超、杜大衛、余啟肇、施鈞年、林定國、陳廣池、郭啟安、司徒冕、胡國興、包鍾倩薇、金貝理、賴磐德、潘兆童、李素蘭、高樂賢、邵德煒、麥明康、辛達誠、馮庭碩、陳嘉信、貝珊、陳仲衡、李紹強、郭慶偉、馬永新、彭耀鴻、布思義、葉靜思、游德康、孫國治、范堯輝、彭中屏、余啟肇、李運騰、孔思和、祁彥輝、萬崇理、吳美玲、馮柏棟		2：金貝理、范堯輝
2017	29：潘兆童、黃文傑、李素蘭、陳嘉信、郭美超、陳仲衡、林定國、貝偉和、包鍾倩薇、葉巧琦、胡雅文、藍德業、孔思和、高樂賢、祁彥輝、陳廣池、司徒冕、葉靜思、杜淮峰、施鈞年、麥明康、黃永恩、郭慶偉、李運騰、彭中屏、辛達誠、孫國治、邵德煒、范禮尊		5：李素蘭、陳嘉信、祁彥輝、陳仲衡、孫國治

　　從年度分佈情況看，（1）從 2000 年到 2017 年，有 3 個年度同時出現委任和撤銷委任憲報，分別是 2000 年、2004 年、2011 年。

（2）6 個年度同時出現委任和終止委任憲報，分別是 2009 年、2012 年、2013 年、2015 年、2016 年和 2017 年。（3）其餘 9 個年度只發佈了委任憲報，分別是 2001 年、2002 年、2003 年、2005 年、2006 年、2007 年、2008 年、2010 年和 2014 年。

就具體年度的委任行為而言，2000 年發佈委任憲報 88 份，委任 15 名暫委法官，發佈撤銷委任憲報 1 名，撤銷委任 1 名暫委法官。2001 年發佈委任憲報 132 份，委任 16 名暫委法官。2002 年發佈委任憲報 153 份，委任 26 名暫委法官。2003 年發佈委任憲報 115 份，委任 21 名暫委法官。2004 年委任發佈委任憲報 91 份，委任 16 名暫委法官，發佈撤銷委任憲報 1 份，撤銷委任 1 名暫委法官。2005 年發佈委任憲報 25 份，委任 15 名暫委法官。2006 年發佈委任憲報 17 份，委任 15 名暫委法官。2007 年發佈委任憲報 18 份，委任 13 名暫委法官。2008 年發佈委任憲報 22 份，委任 18 名暫委法官。2009 年發佈委任憲報 22 份，委任 22 名暫委法官，發佈終止委任憲報 6 份，終止委任 6 名暫委法官。2010 年發佈委任憲報 14 份，委任 12 名暫委法官。2011 年發佈委任憲報 29 份，委任 25 名暫委法官，發佈撤銷委任憲報 1 份，撤銷委任 1 名暫委法官。2012 年發佈委任憲報 47 份，委任 35 名暫委法官，發佈終止委任憲報 7 份，終止委任 7 名暫委法官。2013 年發佈委任憲報 43 份，委任 24 名暫委法官，發佈終止委任憲報 4 份，終止委任 4 名暫委法官。2014 年發佈委任憲報 49 份，委任 35 名暫委法官，發佈終止委任憲報 4 份，終止委任 4 名暫委法官。2015 年發佈委任憲報 63 份，終止委任憲報 4 份，終止委任 4 名暫委法官。2016 年發佈委任憲報 70 份，委任 39 名暫委法官，發佈終止委任憲報 2 份，終止委任 2 名暫委法官。2017 年 6 月 30 日前發佈委任憲報 35 份，委任 29 名暫委法官，發佈終止委任憲報 4 份，終止委任 4 名暫委法官。

3. 香港區域法院暫委法官的委任和撤銷委任情況

從 2000 年 5 月到 2017 年 6 月 30 日，香港特區政府共發佈香港區域法院暫委法官委任、撤銷委任和終止委任憲報 1314 份，其中委任憲報 1282 份，共 206 人，撤銷委任憲報 7 份，涉及 7 名暫委法官，終止委任憲報 25 份，共 25 人。

圖 2-6：香港區域法院暫委法官年度憲報發佈情況
（2000 年 5 月至 2017 年 6 月 30 日）

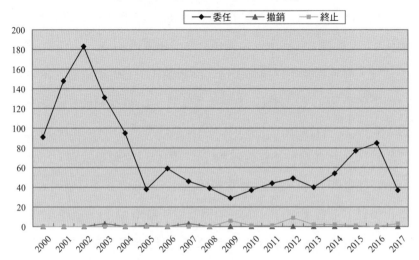

表 2-8：香港區域法院暫委法官年度委任憲報統計
（2000 年 5 月至 2017 年 6 月 30 日）

年份	2000	2001	2002	2003	2004	2005	2006	2007	2008	2009	2010	2011	2012	2013	2014	2015	2016	2017	總計
委任	91	148	183	131	95	38	59	46	39	29	37	44	49	40	54	77	85	37	1314
撤銷	0	0	0	3	0	1	0	3	0	0	0	0	0	0	0	0	0	0	7
終止	0	0	0	0	0	0	0	0	0	6	1	1	9	2	2	1	0	3	25
總計	91	148	183	134	95	39	59	49	39	35	38	45	58	42	56	78	85	40	1346

表 2-9：香港區域法院暫委法官年度委任名單

（2000 年 5 月至 2017 年 6 月 30 日）

年份	委任	撤銷委任	終止委任
2000	祁雅年、陸啟康、唐文、何禧蓮、曾健仕、李素蘭、錢禮、梁榮宗、阮偉明、簡士勳、馬保華、羅麗娟、鮑理賢、莊景傑、葛倩兒、練錦鴻、麥理庭	0	0
2001	錢禮、羅麗娟、葛倩兒、李素蘭、鮑理賢、練錦鴻、唐文、曾健仕、麥理庭、馬漢璋、祁士偉、郭偉健、簡達仁、羅雪梅、李唯治、麥健濤、周紹和、杜大衛、葉佐文、郭啟安、羅德泉、韋達、黃一鳴、鄧立泰、李慧思、麥業成、唐慕賢、陳江耀、文偉新、衛以寬、邱智立、余敏奇、莊景傑、沈小民	0	0
2002	陳慶偉、祁士偉、葛倩兒、周紹和、李慧思、莊景傑、余敏奇、羅雪梅、郭啟安、羅德泉、黃一鳴、鄧立泰、唐慕賢、文偉新、衛以寬、沈小民、邱智立、阮偉明、李何禧蓮、曾健仕、鮑理賢、麥健濤、許肇強、黃麗君、艾家敦、施萬德、周燕珠、黃篤清、林清培、朱佩瑩、唐文、葉佐文、李素蘭、李唯治、陳嘉信、彭中屏、胡雅文、周慧珠、麥理庭、蘇紹聰、簡達仁、郭天穗	0	0
2003	馬漢璋、吳蕙芳、唐文、黃一鳴、曾健仕、周燕珠、葉佐文、李唯治、李素蘭、彭中屏、胡雅文、麥理庭、簡達仁、許肇強、吳美玲、錢禮、林巨溥、黃崇厚、許家灝、練錦鴻、杜大衛、葛倩兒	3: 唐文、李唯治、麥理庭	0

年份	委任	撤銷委任	終止委任
2004	許家灝、許肇強、李素蘭、黃崇厚、練錦鴻、杜大衛、葛倩兒、林偉權、勞潔儀、衛以寬、麥健濤、鄧立泰、唐慕賢、李瀚良、陳振國、李唯治、陳慶偉、鮑理賢、胡周婉文、陳玲玲、文偉新	0	0
2005	李慧思、葛倩兒、鄧立泰、黃一鳴、吳蕙芳、唐慕賢、李瀚良、鮑理賢、周婉文、陳玲玲、郭偉健、曾健仕、林巨溥、姚勳智、高勁修、勞潔儀、陳振國、馬保華、吳承威、馬漢璋、錢禮、胡雅文、祁士偉、黃敬華、葉佐文、麥理庭、陳仲衡、阮偉明、陳錦昌、艾家敦	1：陳錦昌	0
2006	勞潔儀、杜大衛、莊景傑、郭啟安、邱智立、潘兆童、李素蘭、錢禮、陳錦昌、陳家殷、黃一鳴、唐慕賢、吳蕙芳、梁俊文、黃汝榮、沈智慧、麥健濤、祁士偉、葛倩兒、陳美蘭、區慶祥、葉佐文、黃永輝、黃篤清、周紹和、練錦鴻、沈小民、彭中屏、周燕珠、陳振國、嚴舜儀、游德康、黃崇厚、Mrs. Sharon Dawn Melloy、羅雪梅、李唯治、鄧立泰、阮偉明、陳慶偉、胡雅文、陳玲玲、張威達、馬保華	0	0
2007	練錦鴻、陳錦昌、羅雪梅、李唯治、鄧立泰、陳仲衡、阮偉明、文偉新、唐慕賢、曾健仕、陳玲玲、祁士偉、葛倩兒、錢禮、勞潔儀、潘兆童、馬保華、郭啟安、黃敬華、嚴舜儀、沈小民、陳振國、姚勳智、周燕珠、葉佐文、林鉅溥、杜大衛、林偉權、高勁修	3：唐慕賢、曾健仕、周燕珠	0

年份	委任	撤銷委任	終止委任
2008	黃敬華、曾健仕、彭中屏、黃崇厚、陳振國、王興偉、姚勳智、游德康、陳玲玲、葛倩兒、吳蕙芳、鄧漢標、郭啟安、陳錦昌、嘉理仕、胡雅文、黃篤清、許偉強、阮偉明、馬保華、沈小民、葉佐文、陳慶輝、陳仲衡、周燕珠、林偉權、彭耀鴻、鄭淑儀、杜大衛	0	0
2009	黃敬華、鄭明斌、黃崇厚、陳振國、李唯治、鄧立泰、麥兆祥、姚勳智、陳玲玲、葛倩兒、徐偉南、郭啟安、林國輝、沈小民、葉佐文、陳仲衡、周燕珠、林偉權、祁士偉、胡雅文、岑炳生、陳錦昌、彭耀鴻	0	鄧立泰、葉佐文、陳振國、黃崇厚、姚智勳、黃敬華
2010	林嘉欣、吳蕙芳、陳鴻興、彭中屏、余啟肇、陳玲玲、葛倩兒、李慶年、陳宇文、雷健文、胡雅文、余敏奇、鄭紀航、嚴舜儀、關兆明、杜淦堃、錢禮、杜大衛、歐陽浩榮、陳仲衡、梁國安、莫子應、阮偉明、徐嘉華、勞傑民、黃健棠、黃若鋒	0	彭中屏
2011	郭啟安、余敏奇、嚴舜儀、陳嘉信、郭偉健、鄭紀航、翁喬奇、勞潔儀、林偉權、阮偉明、周燕珠、勞傑民、黃健棠、沈小民、祁士偉、胡雅文、李慶年、李煥文、葛倩兒、蘇明哲、Mr. Colin Andrew Shipp、歐陽浩榮、鍾加康、許家灝、陳玉芬、李慕潔、蘇文隆、林嘉欣、余啟肇、鍾偉強、彭中屏	0	黃健棠

年份	委任	撤銷委任	終止委任
2012	余敏奇、謝沈智慧、杜浩成、鄭紀航、梁國安、吳蕙芳、錢禮、練錦鴻、陳鴻興、郭啟安、翁喬奇、許家灝、陳永豪、陳玉芬、嚴舜儀、鍾偉傑、陳仲衡、蘇文隆、勞傑民、陳嘉信、林嘉欣、梁寶儀、葛倩兒、郭偉健、彭中屏、陳玲玲、許文恩、李慶年、張天任、杜大衛、沈小民、林偉權、胡雅文、Mr. Warren Patrick Ganesh、黃禮榮、龍禮、郭靄誠、杜淦堃、毛樂禮	0	郭偉健、林偉權、郭啟安、杜大衛、沈小民、胡雅文、陳仲衡、林嘉欣、李慶年
2013	余敏奇、陳玲玲、黎達祥、譚利祥、黃禮榮、郭靄誠、蘇惠德、葉樹培、嚴舜儀、彭家光、勞傑民、陳玉芬、葛倩兒、翁喬奇、龍禮、黃慶春、Mr. Sanjay Arjan Sakhrani、伍兆榮、張君銘、藍德業、何展鵬、雷健文、黎雅雯、謝沈智慧	0	余敏奇、勞傑民
2014	祁士偉、沈其亮、蔡維邦、周紹和、麥國昌、羅志霖、蕭朝堅、黃禮榮、嚴舜儀、烏佩貞、陳連基、陳玲玲、彭家光、周博芬、何世文、陳玉芬、雷健文、羅麗萍、葛倩兒、翁喬奇、謝沈智慧、梁偉強、溫紹明、潘展平、陳慧敏、黃偉權、何展鵬、林定韻、徐韻華、韋漢熙、黃國輝、藍德業、葉祖耀、施善政、林美施、黎達祥	0	祁士偉、雷健文

年份	委任	撤銷委任	終止委任
2015	謝沈智慧、翁喬奇、吳港法、周博芬、何慧縈、何世文、陳聰枋、陳慧敏、鄭念慈、熊健民、徐韻華、黃偉權、溫紹明、黃禮榮、陳玲玲、李國威、廖玉玲、彭家光、練錦鴻、徐綺薇、汪祖耀、陳玉芬、嚴舜儀、葉樹培、伍兆榮、葛倩兒、吳敏生、譚利祥、張金良、黃瑞珊、沈偉民、何展鵬、廖文健、麥國昌、杜浩成、張潔宜、李冠雄、廖建華、凌振威、杜潔玲、施善政、羅麗萍	0	陳慧敏
2016	譚利祥、徐韻華、張志偉、廖文健、周博芬、溫紹明、麥國昌、張天任、黃瑞珊、許卓倫、黃禮榮、施善政、李冠雄、黃偉權、鄧少雄、萬可宜、沈偉民、陳玲玲、彭家光、林美施、鄭頌平、吳港發、杜浩成、高偉雄、陳玉芬、羅麗萍、林展程、張金良、吳敏生、錢禮、何慧縈、葛倩兒、謝沈智慧、翁喬奇、郭錦蕙、李慶年、張志偉、何世文、陳聰枋、杜潔玲、李紹豪、熊健民、廖玉玲、張天雁、鄭念慈、鄭麗珊、王詩麗、劉綺雲、蘇文隆、陳錦泉、盧君政	0	0
2017	蘇嘉賢、張志偉、葛倩兒、翁喬齊、陳玉芬、黃禮榮、徐韻華、林展程、梁兆東、馬嘉駿、雷健文、周博芬、張金良、葉煥信、黃樂豪、麥國昌、鄭麗珊、李紹豪、葉樹培、林美施、彭家光、何世文、陳玲玲、溫紹明、沈其亮、陳慧敏、吳港發、譚利祥、謝沈智慧、練錦鴻、周燕珠、嚴舜儀	0	翁喬齊、陳玉芬、黃禮榮

從年度委任情況看，每年均刊發暫委法官的任免情況。其中，（1）有三個年度同時出現委任和撤銷委任憲報，分別是 2003 年、2005 年和 2007 年。（2）八個年度同時出現委任和終止委任憲報，分別是 2009 年、2010 年、2011 年、2012 年、2013 年、2014、2015 和 2017 年。（3）有六個年度只出現委任憲報，分別是 2000 年、2001 年、2002 年、2004 年、2006 年和 2016 年。

就具體年度的委任行為而言，2000 年發佈委任憲報 91 份，委任 18 名暫委法官。2001 年發佈委任憲報 148 份，委任 34 名暫委法官。2002 年發佈委任憲報 183 份，委任 42 名暫委法官。2003 年發佈委任憲報 131 份，委任 22 名暫委法官，發佈撤銷委任憲報 3 份，撤銷委任 3 名暫委法官。2004 年發佈委任憲報 95 份，委任 21 名暫委法官。2005 年發佈委任憲報 38 份，委任 30 名暫委法官，發佈撤銷委任憲報 1 份，撤銷委任 1 名暫委法官。2006 年發佈委任憲報 59 份，委任 43 名暫委法官。2007 年發佈委任憲報 46 份，委任 29 名暫委法官，發佈撤銷委任憲報 3 份，撤銷委任 3 名暫委法官。2008 年發佈委任憲報 39 份，委任 29 名暫委法官。2009 年發佈委任憲報 29 份，委任 23 名暫委法官，發佈終止委任憲報 6 份，終止委任 6 名暫委法官。2010 年發佈委任憲報 37 份，委任 27 名暫委法官，發佈終止委任憲報 1 份，終止委任 1 名。2011 年發佈委任憲報 44 份，委任 31 名暫委法官，發佈終止委任憲報 1 份，終止委任 1 名暫委法官。2012 年發佈委任憲報 49 份，委任 39 名暫委法官，發佈終止委任憲報 9 份，終止委任 9 名暫委法官。2013 年發佈委任憲報 42 份，委任 24 名暫委法官，發佈終止委任憲報 2 份，終止委任 2 名暫委法官。2014 年發佈委任憲報 54 份，共委任 36 名暫委法官，發佈終止委任憲報 2 份，終止委任 2 名暫委法官。2015 年發佈委任憲報 77 份，委任 42 名暫委法官，發佈終止委任憲報 1 份，終止委任 1 名暫委法官。2016 年發佈委任憲報 85 份，委任 53 名暫委法官。2017 年 6 月 30 日前發佈委任憲報 37 份，委任 32 名暫委法官，發佈終止委任憲報 3 份，終止委任 3 名暫委法官。

小結

　　回歸前的香港，根據不同時期的司法需求，逐步引入英國的非全職法官制度，並通過修訂本地條例，將非全職法官制度確認為香港司法制度的構成部分。香港回歸後，根據香港基本法第 81 條「原在香港實行的司法體制，除因設立香港特區終審法院而發生變化外，予以保留」的規定，香港非全職法官制度得以繼續保留和適用，並根據回歸後司法體制的改變進行法律的適應化和修訂，形成了立法上內容完整的非全職法官制度。在司法實踐中，回歸後香港非全職法官人數逐步增加，香港特區對非全職法官委任行為頻繁，這充分說明了香港非全職法官制度在回歸後的香港得到了穩定發展。

第三章

香港特區非全職法官
制度的價值與功能

香港特區非全職法官制度的審判功能

◇◇◇

一、香港特區非全職法官制度的審判功能

　　1994 年香港引入非全職法官制度之前，香港最高法院高等法院
出現案多人少的情況，各類案件在香港高等法院輪候審訊的時間大大
增長。數據顯示，「1993 年，刑事案件和民事訴訟的平均輪候時間分
別為 210 天和 218 天。」[1] 為了紓解案件輪候審訊時間過長的問題，
當時的香港最高法院高等法院採取了多種辦法，包括採用了委任暫委
法官的措施，希望通過委任地方法院的法官為高等法院暫委大法官，
以及通過委任具備相關經驗的大律師出任高等法院暫委大法官，以期
改善這一現象。但是，這兩種做法都沒有完全達到預想的效果。一方
面，將地方法院的法官委任為香港最高法院高等法院暫委大法官，這
一做法雖然有助於分擔高等法院案件聆訊的壓力，但也直接導致地方
法院沒有足夠數目的法官處理地方法院的事務，進而造成地方法院案
件輪候時間延遲的問題。香港立法局會議記錄中對此曾有過記載：
「在視察地方法院當天，有 29 名地方法院法官的編制中，只有 17 名
或 58% 的地方法院法官實際在審理案件。刑事案件的輪候時間由 217

1　　1994 最高法院（修訂）條例草案二讀辯論，黃宏發致辭。參見《香港立法局會議過程正式記錄》，
　　1994 年 7 月 6 日，http://www.legco.gov.hk/yr93-94/chinese/lc_sitg/hansard/h940706.pdf（最後訪問
　　時間：2019 年 3 月 28 日）。

日增至 252 日，民事案件的輪候時間由 271 日增至 313 日，超出司法機構本身所定目標 3-4 倍時間。」[2] 另一方面，聘請私人執業大律師為高等法院暫委大法官的措施似乎成效不大。在 1990-1995 年間，「香港政府曾有 32 次根據最高法院條例第 10 條，委任私人執業大律師以高等法院暫委大法官身份出席聆訊。」[3] 一般來說，這些暫委大法官會在高等法院擔任臨時大法官約 4 個星期。「不過，這項安排在吸引大律師申請成為法官這方面未見有很大成效，而在縮短案件輪候聆訊時間方面，也沒有很大作用。」[4] 其原因是，「大部分資深大律師不能抽身超過數星期來處理司法工作。」[5]

在已有措施無法從根本上舒緩香港最高法院高等法院案件候審時間過長問題的情況下，引入特委大法官制度的想法應運而生。[6] 當時的估計是「特委大法官獲委任後，每年需至少在高院聆訊案件四星期，估計約十名特委大法官可負擔一名全職大法官的工作量。」[7] 同時，「司法機構按照慣常做法，在可行範圍內已經並會繼續聘任暫委法官及司法人員，以助維持所需的司法人手水平，從而協助將案件輪候時間維持在合理的水平，以及在某些情況下協助縮短案件的輪候時

2　《香港立法局會議過程正式記錄》，1994 年 3 月 24 日，http://www.legco.gov.hk/yr93-94/chinese/lc_sitg/hansard/h940324.pdf（最後訪問時間：2019 年 3 月 28 日）。

3　布政司答覆。參見《香港立法局會議過程正式記錄》，1995 年 3 月 22 日，http://www.legco.gov.hk/yr94-95/chinese/lc_sitg/hansard/h950322.pdf（最後訪問時間：2019 年 3 月 28 日）。

4　律政司動議二讀《一項修訂最高法院條例的草案》時的致辭。參見《香港立法局會議過程正式記錄》，1994 年 3 月 30 日，http://www.legco.gov.hk/yr93-94/chinese/lc_sitg/hansard/h940330.pdf（最後訪問時間：2019 年 3 月 28 日）。

5　1994 最高法院（修訂）條例草案二讀辯論，黃宏發致辭。參見《香港立法局會議過程正式記錄》，1994 年 7 月 6 日，http://www.legco.gov.hk/yr93-94/chinese/lc_sitg/hansard/h940706.pdf（最後訪問時間：2019 年 3 月 28 日）。

6　當然，設立特委大法官制度能否舒緩候審案件過長的情況，也受到了質疑。當時葉錫安議員認為，「這不是對應司法機構各種弊病的萬應靈藥，只不過是司法機構為改善效率和使服務更切合社會需要而必須推行的範圍更廣改革的一個小環節。」《香港立法局會議過程正式記錄》，1994 年 7 月 6 日，http://www.legco.gov.hk/yr93-94/chinese/lc_sitg/hansard/h940706.pdf（最後訪問時間：2019 年 3 月 28 日）。

7　布政司答覆。參見《香港立法局會議過程正式記錄》，1995 年 3 月 22 日，http://www.legco.gov.hk/yr94-95/chinese/lc_sitg/hansard/h950322.pdf（最後訪問時間：2019 年 3 月 28 日）。

間。」[8] 在此背景下，1994 年，香港啟動了香港最高法院高等法院特委大法官制度的立法工作，1994 年 7 月 6 日香港立法局通過了《最高法院（修訂）條例》，增補了特委大法官為高等法院的人員組成。

那麼，特委法官和暫委法官制度在紓解香港法院案件輪候時間過長的問題上，究竟發揮了多大作用呢？為此，以香港特區法院公佈的判決為統計對象，通過登陸香港司法機構網站，[9] 在「搜尋」一欄中輸入「Recorder」或「特委法官」，「deputy high court」或「高等法院暫委法官」，「deputy district judge」或「區域法院暫委法官」，「搜尋選項」選擇「審理法官」，並選擇「判決書」項目進行搜索，共收集到從 1996 年 1 月 1 日到 2013 年 12 月 31 日特委法官審理並作出的案件判決書 626 份，從 2000 年 1 月 1 日到 2013 年 12 月 31 日原訟法庭暫委法官審理並作出的判決書 4396 份，從 2000 年 1 月 1 日到 2013 年 12 月 31 日區域法院暫委法官審理並作出的判決書 1101 份。[10]

表 3-1：特委法官人數及案件聆訊數量

年份	1996	1997	1998	1999	2000	2001	2002	2003	2004	2005	2006	2007	2008	2009	2010	2011	2012	2013	總計
人數	3	9	9	9	12	11	10	12	8	8	16	15	13	12	10	9	9	9	184
案件	10	10	42	35	33	49	23	17	16	24	60	60	39	48	32	46	45	37	626

8　司法機構政務長對財務委員會審核的答覆。參見《財務委員會審核 2014-2015 年度開支預算——管制人員的答覆》，綜合檔案名稱 JA-cl.doc，答覆編號 JA016，第 2 節 JA，第 30 頁。

9　http://legalref.judiciary.gov.hk/lrs/common/search/search.jsp（最後訪問時間：2019 年 3 月 28 日）。

10　本報告是以 2014 年 7 月 25 日香港司法機構網站上傳的特委法官和暫委法官受理並作出判決書數量為統計對象。受制於司法機構判決書上傳網絡的時間，以及案件審理的時間限制，在不同的日期搜索的判決書數量會有變化的。因此這些數據並不能完全等同於特委法官和暫委法官參與聆訊案件的全部情形。

表 3-2：原訟法庭暫委法官人數和案件聆訊數量 [11]

年份	2000	2001	2002	2003	2004	2005	2006	2007	2008	2009	2010	2011	2012	2013	總計
人數	15	16	26	21	16	15	15	13	18	22	12	25	35	24	273
案件	238	394	533	395	275	405	478	255	250	208	162	198	288	317	4396

表 3-3：區域法院暫委法官人數和案件聆訊數量

年份	2000	2001	2002	2003	2004	2005	2006	2007	2008	2009	2010	2011	2012	2013	總計
人數	18	34	42	22	21	30	43	29	29	23	27	31	39	24	412
案件	0	25	58	18	5	96	224	141	71	36	106	122	75	124	1101

　　整體情況上，1996 年 1 月 1 日到 2013 年 12 月 31 日，原訟法庭特委法官共作出 626 份判決，人均年審理並作出判決案件 3.4 件；從 2000 年到 2013 年 12 月 31 日，原訟法庭暫委法官共作出 4396 份判決，人均年審理並作出判決案件 16.1 件；從 2000 年到 2013 年 12 月 31 日，區域法院暫委法官共作出 1101 份判決，人均年審理並作出判決案件 2.67 件。

▌二、香港非全職法官制度審判職能的個案解讀

　　我們可以從個別法官的受案情況來比較特委法官、暫委法官與全職法官的案件聆訊數量。

　　以霍兆剛特委法官聆訊案件的情況為例。霍法官於 2003 年 12 月

11　1996 年到 1999 年原訟法庭暫委法官共作出判決書四份，但由於 1996-1999 年原訟法庭暫委法官數量不詳，因此這一時期的案件聆訊情況不計入統計。

1 日起被委任為香港高等法院特委法官，從 2003 年 12 月 1 日到 2009 年 11 月 30 日，共獲得兩次特委法官委任。第二任特委法官任滿後，於 2011 年獲委任為原訟法庭法官，2011 年獲任為上訴法庭法官，後為香港終審法院常任法官。根據判決書數量統計，霍法官任特委法官期間撰寫的判詞總共 25 份（2004 年 2 份，2005 年 5 份，2006 年 3 份，2007 年 6 份，2008 年 7 份，2009 年 2 份），年平均撰寫 4.16 份判詞。但自 2010 年 2 月 1 日至 2011 年 1 月 31 日擔任原訟法庭全職法官後，霍法官 1 年間共撰寫判詞 44 份（其中 2010 年撰寫 31 份，2011 年撰寫 13 份）。[12]

從數量對比看，霍法官擔任全職法官聆訊的案件數量遠遠高於其擔任特委法官期間聆訊的案件數量，比例在 10：1 左右。但是如果考慮到特委法官的工作時間：特委法官每年工作時間為四個星期，[13] 那麼特委法官的案件聆訊情況基本上是達到了制度設立之初「約 10 名特委大法官可負擔一名全職大法官的工作量」的設想。應該說，特委法官和暫委法官在非常有限的工作時間內分擔了特區法院日益繁多的案件聆訊工作，在一定程度上發揮了紓解香港法院案件等候聆訊時間過長的作用。

12　霍兆剛法官撰寫判詞數據來源：《2013 年 5 月 24 日內務委員會會議文件——自身司法任命建議小組委員會》，立法會 CB(4)673/12-13 號文件，附表 II。

13　許方中、普麗芬：〈基本法下的司法獨立〉，《香港回歸十周年——基本法回顧與前瞻研討會論文集》，第 173 頁。

香港特區非全職法官制度的社會功能

◇◇◇

▌ 一、構建法律職業共同體內的職位流動路徑

　　除了舒緩法院案件輪候時間外，設立非全職法官制度的另一目的還在於鼓勵律師及其他法律從業人員通過出任香港法院非全職法官的方式，體驗司法工作並在未來投身全職法官行業。「過去多年來，首席大法官均以臨時性質邀請及委任具有經驗的大律師（通常為御用大律師）出任高等法院暫委大法官。一般來說，這些暫委大法官會在高等法院擔任臨時大法官約四個星期。這項安排為大律師提供直接體驗司法工作的機會，而首席大法官也可以藉此試驗這些大律師是否適合在日後獲委任為法官。」[1]「我們希望這項計劃可鼓勵更多大律師爭取司法工作經驗，並希望部分大律師其後會申請為常任法官。」[2]

　　特委法官制度構建了律師或大律師向法官職業流動的專門通道。根據《高等法院條例》的規定，只有在法律界全職執業並符合一

<hr />

1　律政司動議二讀《一項修訂最高法院條例的草案》時的致辭。參見《香港立法局會議過程正式記錄》，1994 年 3 月 30 日，http://www.legco.gov.hk/yr93-94/chinese/lc_sitg/hansard/h940330.pdf（最後訪問時間：2019 年 3 月 28 日）。

2　特委大法官制度的推出得到了律師界的積極響應。到 1995 年 3 月 22 日，「共有四十名大律師表示願意獲委任為院特委大法官。司法人員敘用委員會也初步評核這些大律師是否適合，並擬定一份核實人選的名單」。1995 年香港委任了第一批特委大法官，共三人。參見布政司答覆。參見《香港立法局會議過程正式記錄》，1995 年 3 月 22 日，http://www.legco.gov.hk/yr94-95/chinese/lc_sitg/hansard/h950322.pdf（最後訪問時間：2019 年 3 月 28 日）。

定條件的律師或大律師才能獲委任為原訟法庭全職法官。根據香港特區政府關於原訟法庭特委法官委任憲報所披露的信息統計得知，從1997年7月1日至2017年12月31日，香港特區所委任的34名特委法官中，所有獲得委任的特委法官均為 S.C.，即大律師。

暫委法官則面向更廣泛的法律從業人員開放了向法官職業流動的途徑。暫委法官候選人可以是符合一定條件的律師或大律師；也可以是下級法院的法官，如區域法院法官可以獲委任為原訟法庭暫委法官，裁判法官裁判官可以獲委任為區域法院暫委法官；也可以是司法機構內除法官之外的其他司法人員，例如終審法院的司法常務官可以獲委任為原訟法庭暫委法官，區域法院的司法常務官可以獲委任為區域法院暫委法官；也可以是司法機構之外的其他法律從業人員或政府官員，例如法律援助署署長可以獲委任為原訟法庭暫委法官或區域法院暫委法官等等。根據香港特區政府關於原訟法庭暫委法官委任憲報所披露的信息統計得知，從2000年1月1日到2017年6月30日，香港共委任原訟法庭暫委法官123人。其中，來自資深大律師的共47人，區域法院法官48人，其他職務28人。[3]

綜上可見，香港法院非全職法官制度為法律職業共同體中的律師和大律師向法官職位的流動，下級法院法官向上級法院法官職位的流動，司法機構其他司法人員向法官序列的流動，其他法律從業人員向法官職位的流動構建了有效的法律路徑。

二、確保香港法院法官隊伍的穩定

香港非全職法官制度的實施，為香港特區法院法官隊伍提供了新鮮血液。

3　由於區域法院暫委法官憲報中沒有披露被委任的區域法院暫委法官候選人的身份，因此無法對區域法院暫委法官的來源進行分析。

從 1997 年到 2017 年 12 月 31 日，香港高等法院共委任了 34 名特委法官，其中新委任的高等法院特委法官有 31 名。從新委任的特委法官情況看，由於特委法官的任期多為三年，基本上香港高等法院是每三年委任一批新的特委法官。其中，1997 年委任的新特委法官共 6 名，2000 年 4 名，2003 年 2 名，2006 年 8 名，2010 年 2 名，2013 年 4 名，2015 年 5 名。

表 3-4：香港高等法院年度新委任特委法官人數及名單

年份	人數	名單
1997	6	梁冰濂、郭慶偉、駱應淦、王正宇、羅正威、李義
1998	0	
1999	0	
2000	4	廖長城、李志喜、馬道立、倫明高
2001	0	
2002	0	
2003	2	余若海、霍啟剛
2004	0	
2005	0	
2006	8	馮柏棟、麥高義、麥機智、何沛謙、翟紹唐、陳健強、袁國強、石永泰
2007	0	
2008	0	
2009	0	
2010	2	黃旭倫、周家明
2011	0	
2012	0	
2013	4	鮑永年、黃國瑛、高浩文、何東鳴
2014	0	

年份	人數	名單
2015	5	鄭若驊、譚允芝、黃繼明、陳靜芬、韋浩德
2016	0	
2017	0	

　　以原訟法庭暫委法官為例，從 2000 年 1 月 1 日到 2017 年 6 月 30 日，香港終審法院首席法官共委任了 123 位暫委法官，雖然有很多暫委法官是多次反覆被委任，但仍然能夠看到，除了 2005 年沒有新委任暫委法官外，基本上每年都會有新的暫委法官被首次委任。

表 3-5：香港高等法院原訟法庭年度新委任暫委法官人數及名單

年份	人數	名單
2000	15	龍禮、黃永輝、姬大維、杜溎峰、麥明康、鄔禮賢、湯寶臣、朱芬齡、關淑馨、韓敬善、麥卓智、杜麗冰、韋理義、張慧玲、潘兆初
2001	5	林文瀚、麥高義、Mr. Michael Bunting、張舉能、馮驊
2002	13	王見秋、辛達誠、芮安牟、湯家驊、黃敏傑、彭偉昌、麥機智、韋毅志、郭靄誠、余若海、丁雅賢、賴盤德、Mr. Aarif Tyebjee Barma
2003	4	何沛謙、潘敏琦、彭中屏、黃仁龍
2004	3	翟紹唐、陳江耀、梅賢玉
2005	0	
2006	1	梁紹中
2007	3	簡士勳、夏利士、馬永新
2008	5	黃國瑛、區慶祥、麥健濤、黃旭倫、蔡源福
2009	6	韋仕博、周家明、包華禮、李瀚良、貝偉和、陳慶偉

年份	人數	名單
2010	4	司徒冕、鄧樂勤、歐陽桂如、高浩文
2011	11	鮑永年、譚允芝、鄭若驊、孫國治、陳美蘭、甄孟義、韋浩德、林雲浩、陸啟康、Mr. Anthony Kenneth Houghton、黃崇厚
2012	9	吳嘉輝、石仲廉、彭寶琴、邱智立、施鈞年、郭美超、朱佩瑩、胡國慶、楊家雄
2013	7	吳美玲、梁俊文、陳靜芬、黃繼明、李紹強、夏正民、林孟達
2014	12	潘兆童、鄧立泰、李素蘭、貝珊、陳嘉信、胡國興、余啟肇、馮庭碩、陸啟康、彭耀鴻、祁彥輝、鄭蕙心
2015	11	高樂賢、石輝、林定國、金貝理、萬崇理、游德康、包鍾倩薇、葉巧琦、郭慶偉、陳廣池、葉靜思
2016	9	杜大衛、郭啟安、邵德煒、陳仲衡、布思義、范堯輝、李運騰、馮柏棟、孔思和
2017	5	黃文傑、胡雅文、藍德業、黃永恩、范禮尊

　　區域法院暫委法官也每年均有新面孔。從 2000 年 5 月到 2017 年 6 月 30 日，香港終審法院首席法官共委任了 206 位區域法院暫委法官。雖然有很多暫委法官是多次反覆被委任，但仍然能夠看到，除了 2007 年沒有新委任暫委法官外，基本上每年都會有新的暫委法官被首次委任。其中，2001 年新委任的區域法院暫委法官人數最多，達 24 位；緊接著是 2014 年，有 23 位新委任的區域法院暫委法官。新鮮血液的流入，保證了區域法院暫委法官隊伍的穩定，也保證了法律職業共同體內職業流動的穩定性。

表 3-6：區域法院年度新委任暫委法官人數及名單

年份	人數	名單
2000	17	祁雅年、陸啟康、唐文、何禧蓮、曾健仕、李素蘭、錢禮、梁榮宗、阮偉明、簡士勳、馬保華、羅麗娟、鮑理賢、莊景傑、葛倩兒、練錦鴻、麥理庭
2001	24	馬漢璋、祁士偉、郭偉健、簡達仁、羅雪梅、李唯治、麥健濤、周紹和、杜大衛、葉佐文、郭啟安、羅德泉、韋達、黃一鳴、鄧立泰、李慧思、麥業成、唐慕賢、陳江耀、文偉新、衛以寬、沈小民、邱智立、余敏奇
2002	15	陳慶偉、許肇強、黃麗君、艾家敦、施萬德、周燕珠、黃篤清、林清培、朱佩瑩、陳嘉信、彭中屏、胡雅文、周慧珠、蘇紹聰、郭天穗
2003	5	吳蕙芳、吳美玲、林鉅溥、黃崇厚、許家灝
2004	6	林偉權、勞潔儀、李瀚良、陳振國、胡周婉文、陳玲玲
2005	6	姚勳智、高勁修、吳承威、黃敬華、陳仲衡、陳錦昌
2006	12	潘兆童、陳家殷、梁俊文、黃汝榮、沈智慧、陳美蘭、區慶祥、黃永輝、嚴舜儀、游德康、Mrs. Sharon Dawn Melloy、張威達
2007	0	
2008	7	王興偉、鄧漢標、嘉理仕、許偉強、陳慶輝、彭耀鴻、鄭淑儀
2009	5	鄭明斌、麥兆祥、徐偉南、林國輝、岑炳生
2010	14	林嘉欣、陳鴻興、余啟肇、李慶年、陳宇文、雷健文、關兆明、杜淦堃、歐陽浩榮、梁國安、徐嘉華、勞傑民、黃健棠、黃若鋒
2011	10	翁喬奇、李煥文、蘇明哲、Mr. Colin Andrew Shipp、杜浩成、鍾加康、陳玉芬、李慕潔、蘇文隆、鍾偉強

年份	人數	名單
2012	12	陳永豪、鍾偉傑、梁寶儀、許文恩、張天任、Mr. Warren Patrick Ganesh、黃禮榮、龍禮、郭靄誠、毛樂禮、鄭紀航、莫子應
2013	12	黎達祥、譚利祥、蘇惠德、葉樹培、彭家光、黃慶春、Mr. Sanjay Arjan Sakhrani、伍兆榮、張君銘、藍德業、何展鵬、黎雅雯
2014	23	沈其亮、蔡維邦、麥國昌、羅志霖、蕭朝堅、烏佩貞、陳連基、周博芬、何世文、羅麗萍、謝沈智慧、梁偉強、溫紹明、潘展平、陳慧敏、黃偉權、林定韻、徐韻華、韋漢熙、黃國輝、葉祖耀、施善政、林美施
2015	19	吳港發、何慧縈、陳聰枋、鄭念慈、熊健民、李國威、廖玉玲、徐綺薇、汪祖耀、吳敏生、張金良、黃瑞珊、沈偉民、廖文健、張潔宜、李冠雄、廖建華、凌振威、杜潔玲
2016	15	張志偉、許卓倫、鄧少雄、萬可宜、鄭頌平、高偉雄、林展程、郭錦蕙、李紹豪、張天雁、鄭麗珊、王詩麗、劉綺雲、陳錦泉、盧君政
2017	5	蘇嘉賢、梁兆東、馬嘉駿、葉煥信、黃樂豪

可見，香港非全職法官制度的實施，為香港法院法官隊伍輸入了源源不斷的新鮮血液，對保證香港法院法官隊伍的穩定性，保證法律職業共同體內職業流動的穩定性，有著重要作用。

三、建立了香港法院全職法官的候選人隊伍

特委法官和暫委法官制度是實現法律職業共同體內部職位流動的重要途徑，同時，特委法官和暫委法官也為香港特區遴選全職法官儲備了一支強大的候選人隊伍。

（一）特委法官和暫委法官是香港法院全職法官的重要候選人

從特委法官的遴選機制看，能夠被委任為特委法官的大律師，均為香港律師隊伍中的精英。從實踐情況看，有為數不少的特委法官最後走向了全職法官序列。從 1997 年 7 月 1 日到 2017 年 6 月 30 日，獲委任的 34 名特委法官中，有 8 名特委法官最後被委任為香港高等法院原訟法庭法官，佔全部特委法官人數的 23.5%。其中，有 7 名特委法官是在委任期內被撤銷委任之後隨即獲委任為原訟法庭全職法官的職位（李義、馬道立、倫明高、鄧楨、麥機智、陳健強、周家明法官），有 1 名特委法官是在委任期滿之後被獲委任為原訟法庭任職法官（霍兆剛法官）。

表 3-7：出任原訟法庭全職法官的特委法官名單及去向

姓名	委任情況	去向
李義	1997.12.1-2000.11.30，任期內於 1999 年 7 月 18 日被撤銷任職	1999 年 7 月 19 日獲委任為原訟法庭法官，後為終審法院常任法官
馬道立	2000.12.1-2003.11.30，任期內於 2001 年 12 月 3 日被撤銷任職	2001 年 12 月獲委任為高等法院原訟法庭法官，後為終審法院首席法官
倫明高	2000.12.1-2003.11.30，任期內於 2003 年 9 月 15 日被撤銷任職	2003 年 9 月獲委任為原訟庭法官，後為高等法院上訴法庭副庭長
鄧楨	1995 年首批特委大法官；1998.9.25-2001.9.24；2001.9.25-2004.9.24，任期內於 2004 年 4 月 2 日被撤銷任職	2004 年 4 月 2 日出任原訟庭法官，後為終審法院常任法官
麥機智	2006.1.1-2008.12.31；2009.1.1-2011.12.31，任期內於 2010 年 4 月 11 日撤銷任職	2010 年 4 月 12 日任原訟庭法官，2013 年 10 月 19 日獲任上訴庭法官

姓名	委任情況	去向
陳健強	2006.1.1-2008.12.31；2009.1.1-2011.12.31；2012.1.1-2014.12.31，任期內於 2012 年 11 月 1 日撤銷任職	2012 年 11 月 1 日任高等法院原訟法庭法官
周家明	2010.1.1-2012.12.31；2013.1.1-2015.12.31，任期內於 2014 年 7 月 31 日撤銷任職	2014 年 7 月 31 日任高等法院原訟法庭法官
霍兆剛	2003.12.1-2006.11.30；2006.12.1-2009.11.30	2010 年 2 月 1 日任高等法院原訟法庭法官

　　從 2000 年 1 月 1 日至 2017 年 6 月 30 日，香港共委任原訟法庭暫委法官 123 人。期間，有 29 名原訟法庭暫委法官在其委任期內被終止委任。這 29 名被終止委任的原訟法庭暫委法官中，4 名原是高等法院原訟法庭或上訴法庭法官退休後擔任暫委法官，1 名法官後獲委任為原訟法庭特委法官，2 名法官後繼續獲委任原訟法庭暫委法官，1 名法官繼續擔任區域法院法官。此外，其餘 21 名法官全部是因為獲委任為高等法院原訟法庭全職法官而被終止暫委法官之職，約佔全部原訟法庭暫委法官的 17.5%。在這 21 名暫委法官中，其中 1 名法官原為司法常務官，2 名為大律師，其餘 18 名均為原區域法院全職法官。也就是說，有 18 名原區域法院全職法官在獲委任為高等法院原訟法庭全職法官之前有過在高等法院原訟法庭擔任暫委法官的經歷。

表 3-8：被終止委任的原訟法庭暫委法官名單及去向

終止委任暫委法官	被委任暫委法官次數	終止委任時間	去向
杜淵峰	55	2009	原為區域法院法官，2009 年 9 月 28 日獲委任為原訟法庭法官
賴盤德	16	2009	原為區域法院法官，2009 年 9 月 28 日獲委任為原訟法庭法官
潘敏琦	18	2009	原為區域法院法官，2009 年 9 月 28 日獲委任為原訟法庭法官
彭偉昌	31	2009	原為區域法院法官，2009 年 9 月 28 日獲委任為原訟法庭法官
麥健濤	2	2009	原為區域法院法官，2009 年 9 月 28 日獲委任為原訟法庭法官
區慶祥	2	2009	原為區域法院法官，2009 年 12 月 1 日獲委任為原訟法庭法官
歐陽桂如	3	2012	原為司法常務官，2012 年 8 月 16 日獲委任為原訟法庭法官
李瀚良	4	2012	原為首席區域法院法官，2012 年 8 月 16 日獲委任原訟法庭法官
杜麗冰	48	2012	原為區域法院法官，2012 年 8 月 16 日獲委任為原訟法庭法官
陳江耀	12	2012	原為區域法院法官，2012 年 8 月 16 日獲委任為原訟法庭法官
陳慶偉	4	2012	原為區域法院法官，2012 年 8 月 16 日獲委任為原訟法庭法官
陳美蘭	3	2012	原為區域法院法官，2012 年 8 月 16 日獲委任為原訟法庭法官
麥明康	49	2012/2014	原為高等法院原訟法庭法官，2011 年退休
黃國瑛	5	2013	2013 年 3 月 1 日獲委任為原訟法庭特委法官，2017 年 3 月 15 日起獲委任為原訟法庭法官

終止委任暫委法官	被委任暫委法官次數	終止委任時間	去向
辛達誠	24	2013	原為原訟法庭法官，2011 年退休
郭美超	26	2013/2014	原為高等法院上訴法庭法官，2011 年退休
彭寶琴	3	2013	2013 年 11 月 15 日獲委任為高等法院原訟法庭法官
譚允芝	7	2014	原為大律師，2015 年 1 月 1 日起獲委任為原訟法庭特委法官
吳美玲	6	2014	原為區域法院法官，後繼續擔任區域法院法官
朱佩瑩	5	2015	原為區域法院法官，2015 年 4 月 24 日獲委任為原訟法庭法官
陸啟康	7	2015	原為區域法院法官，2015 年 4 月 24 日獲委任為原訟法庭法官
邱智立	5	2015	原為區域法院法官，2015 年 4 月 24 日獲委任為原訟法庭法官
黃崇厚	7	2015	原為區域法院法官，2015 年 4 月 24 日獲委任為原訟法庭法官
金貝理	5	2016	原為大律師，2016 年 5 月 25 日獲委任為原訟法庭法官
司徒冕	20	2016	原為上訴法庭法官，2009 年退休
李素蘭	5	2017	原為區域法院法官，2017 年 1 月 4 日獲委任為原訟法庭法官
陳嘉信	5	2017	原為區域法院法官，2017 年 1 月 4 日獲委任為原訟法庭法官
祁彥輝	4	2017	後繼續獲委任為原訟法庭暫委法官
孫國治	13	2017	後繼續獲委任為原訟法庭暫委法官

從 2000 年到 2017 年 6 月 30 日，香港法院共委任了 206 名區域法院暫委法官。其中有 25 名區域法院暫委法官在委任期間被終止委任。這 25 名暫委法官中，3 名法官繼續出任裁判法院裁判官，1 名法官獲委任為裁判法院裁判官，21 名法官隨即出任區域法院全職法官，佔全部區域法院暫委法官的 10%。

表 3-9：被終止委任的區域法院暫委法官名單及去向

姓名	終止委任時間	去向
鄧立泰	2009 年 9 月 28 日起終止委任	2009 年 9 月 28 日獲委任為區域法院法官
葉佐文	2009 年 9 月 28 日起終止委任	2009 年 9 月 28 日獲委任為區域法院法官
陳振國	2009 年 9 月 28 日起終止委任	2009 年 9 月 28 日獲委任為區域法院法官
黃崇厚	2009 年 9 月 28 日起終止委任	2009 年 9 月 28 日獲委任為區域法院法官
姚勳智	2009 年 9 月 28 日起終止委任	2009 年 9 月 28 日獲委任為區域法院法官
黃敬華	2009 年 9 月 28 日起終止委任	2009 年 9 月 28 日獲委任為區域法院法官
彭中屏	2010 年 9 月 1 日起終止委任	繼續出任區域法院裁判官
黃健棠	2011 年 10 月 1 日起終止委任	2012 年 9 月 17 日獲委任為區域法院法官
郭偉健	2012 年 9 月 17 日起終止委任	2012 年 9 月 17 日獲委任為區域法院法官
林偉權	2012 年 9 月 17 日起終止委任	2012 年 9 月 17 日獲委任為區域法院法官
郭啟安	2012 年 9 月 17 日起終止委任	2012 年 9 月 17 日獲委任為區域法院法官

姓名	終止委任時間	去向
杜大衛	2012 年 9 月 17 日起終止委任	2012 年 9 月 17 日獲委任為區域法院法官
沈小民	2012 年 9 月 17 日起終止委任	2012 年 9 月 17 日獲委任為區域法院法官
胡雅文	2012 年 9 月 17 日起終止委任	2012 年 9 月 17 日獲委任為區域法院法官
陳仲衡	2012 年 9 月 17 日起終止委任	2012 年 9 月 17 日獲委任為區域法院法官
林嘉欣	2012 年 9 月 17 日起終止委任	2012 年 9 月 17 日獲委任為區域法院法官
李慶年	2012 年 11 月 13 被終止委任	2012 年獲委任為裁判法院裁判官
余敏奇	2013 年 5 月 28 日終止委任	2013 年 5 月 23 日任區域法院法官
勞傑民	2014 年 1 月 2 日被終止委任	2014 年 3 月 11 日獲委任為區域法院法官
祁士偉	2014 年 3 月 11 日期終止委任	2014 年 3 月 11 日獲委任為區域法院法官
雷健文	2014 年 6 月 3 日起終止委任	繼續出任裁判法院主任裁判官
陳慧敏	2015 年 2 月 2 日起終止委任	繼續出任裁判法院裁判官
翁喬齊	2017 年 1 月 23 日起終止委任	2017 年 1 月 23 日獲委任為區域法院法官
陳玉芬	2017 年 1 月 23 日起終止委任	2017 年 1 月 23 日獲委任為區域法院法官
黃禮榮	2017 年 1 月 23 日起終止委任	2017 年 1 月 23 日獲委任為區域法院法官

（二）香港法院大部分全職法官曾有過特委法官或暫委法官的任職經歷

從另一個角度，香港法院的大部分法官有過出任香港高等法院原訟法庭特委法官或暫委法官的經歷。以 2017 年香港司法機構法官名單為參照，可以發現：

1. 香港終審法院首席法官和全部常任法官均曾出任過香港高等法院原訟法庭特委法官

2017 年香港終審法院首席法官為馬道立首席法官，終審法院常任法官包括李義法官、鄧國楨法官和霍兆剛法官。其中，首席法官馬道立曾於 2000 年 12 月 1 日被委任為原訟法庭特委法官；常任法官李義曾於 1997 年 12 月 1 日獲委任為特委法官；常任法官鄧楨（鄧國楨）曾於回歸前 1995 年獲委任為首批特委法官，回歸後於 1998 年 9 月 25 日、2001 年 9 月 25 日兩度獲委任為特委法官；常任法官霍兆剛曾於回歸前 2003 年 12 月 1 日和 2006 年 12 月 1 日獲委任為特委法官。

表 3-10：香港終審法院法官曾出任特委法官情況

終審法院法官	2017 年任職	曾任特委法官情況
馬道立	終審法院首席法官	2000.12.1-2003.11.30，任期內於 2001 年 12 月 3 日被撤銷任職
李義	終審法院常任法官	1997.12.1-2000.11.30，任期內於 1999 年 7 月 18 日被撤銷任職
鄧楨	終審法院常任法官	1995 年首批特委大法官；1998.9.25-2001.9.24；2001.9.25-2004.9.24，任期內於 2004 年 4 月 2 日被撤銷任職
霍兆剛	終審法院常任法官	2003.12.1-2006.11.30；2006.12.1-2009.11.30

2. 香港高等法院大部分全職法官曾獲委任為特委法官或暫委法官

2017 年香港司法機構法官名單中，高等法院共有法官 41 名，包括首席法官 1 名，上訴法庭法官 12 名和原訟法庭法官 28 名。有 33 名法官曾經擔任過高等法院原訟法庭暫委法官，佔 80.4%，其中杜麗冰法官有過 48 次被委任為原訟法庭暫委法官的經歷。有 9 名法官曾擔任區域法院暫委法官，佔 21.9%。有 5 名法官曾擔任過原訟法庭特委法官，佔 12.1%。在所有高等法院法官中，只有 7 位法官（楊振權、張澤祐、袁家寧、鮑晏明、麥偉德、鍾安德、薛偉成）從未出任過特委法官或者暫委法官，其餘 34 位法官都有過特委法官或 / 和暫委法官的經歷。也就是說，高等法院有 82.9% 的法官有過高等法院特委法官、高等法院暫委法官或區域法院暫委法官的經歷。

表 3-11：香港高等法院法官曾出任特委法官或暫委法官情況

高等法院		2017 年任職	曾任特委法官或暫委法官情況
首席法官	張舉能	高等法院首席法官	21 次被委任為原訟法庭暫委法官（2001:2/2002:12/2003:7）
上訴法庭	楊振權	上訴法庭副庭長	無
	林文瀚	上訴法庭副庭長	24 次被委任為原訟法庭暫委法官（2001:5/2002:12/2003:7）
	倫明高	上訴法庭副庭長	2 次被委任為原訟法庭特委法官（2000:1/2003:1）
	張澤祐	上訴庭法官	無
	袁家寧	上訴庭法官	無
	關淑馨	上訴庭法官	11 次被委任為原訟法庭暫委法官（2000:8/2001:3）

高等法院		2017 年 任職	曾任特委法官或暫委法官情況
	朱芬齡	上訴庭 法官	5 次被委任為原訟法庭暫委法官 （2000:5）
	鮑晏明	上訴庭 法官	無
	麥機智	上訴法庭 副庭長	2002 年和 2003 年有 2 次獲委任為原 訟法庭暫委法官。2006 年首次被委 任為特委法官，2006.1.1-2008.12.31； 2009.1.1-2011.12.31。2010 年 4 月 12 日撤銷任職後出任原訟庭法官。2013 年 10 月 19 日獲任上訴庭法官。
	麥偉德	上訴庭 法官	無
	潘兆初	上訴庭 法官	52 次獲委任為原訟庭暫委法官（2000:1 /2001:12/2002:12/2003:12/2004:12/2005: 2/2006:1）
	彭偉昌	上訴庭 法官	30 次獲委任為原訟庭暫委法官（2002:9 /2003:7/2004:8/2005:2/2006:1/2007:1/ 2008:1/2009:1）
原訟法庭 法官	鍾安德	原訟庭 法官	無
	湯寶臣	原訟庭 法官	5 次獲委任為原訟法庭暫委法官 （2000:5）
	馮驊	原訟庭 法官	26 次委任為原訟庭暫委法官（2001:1/ 2002:8/2003:3/2004:11/2005:2/2006:1）
	張慧玲	原訟庭 法官	38 次獲委任為原訟庭暫委法官（2000:4 /2001:12/2002:4/2003:10/2004:5/2005:2/ 2006:1）

高等法院		2017 年任職	曾任特委法官或暫委法官情況
	潘敏琦	原訟庭法官	18 次獲委任為原訟庭暫委法官（2003:9/2004:3/2005:1/2006:1/2007:2/2008:1/2009:1）
	區慶祥	原訟庭法官	1 次獲委任為區域法院暫委法官（2006:1）；2 次獲委任為原訟庭暫委法官原為區域法院法官（2008:1/2009:1）
	夏利士	原訟庭法官	3 次獲委任為原訟庭暫委法官（2007:1/2008:1/2009:1）
	包華禮	原訟庭法官	1 次獲委任為原訟庭暫委法官（2009:1）
	歐陽桂如	原訟庭法官	3 次獲委任為原訟庭暫委法官（2010:1/2011:1/2012:1）
	李瀚良	原訟庭法官	6 次獲委任為區域法院暫委法官（2004:3/2005:3）；4 次獲委任為原訟庭暫委法官（2009:1/2010:1/2011:1/2012:1）
	杜麗冰	原訟庭法官	48 次獲委任為原訟庭暫委法官（2000:4/2001:12/2002:7/2003:4/2004:11/2005:2/2006:1/2007:1/2008:2/2009:1/2010:1/2011:1/2012:1）
	陳江耀	原訟庭法官	1 次獲委任為區域法院暫委法官（2001:1）；12 次獲委任為原訟庭暫委法官（2004:1/2005:2/2006:1/2007:2/2008:1/2009:1/2010:2/2011:1/2012:1）
	陳慶偉	原訟庭法官	9 次獲委任為區域法院暫委法官（2002:6/2004:1/2005:1/2006:1）；4 次獲委任為原訟庭暫委法官（2009:1/2010:1/2011:1/2012:1）

高等法院		2017 年任職	曾任特委法官或暫委法官情況
	陳美蘭	原訟庭法官	1 次獲委任為區域法院暫委法官（2006:1）；3 次獲委任為原訟庭暫委法官（2011:2/2012:1）
	陳健強	原訟庭法官	2006 年首次獲委任為特委法官，2006.1.1-2008.12.31；2009.1.1-2011.12.31；2012.1.1-2014.12.31，任期內於 2012 年 11 月 1 日撤銷特委法官
	林雲浩	原訟庭法官	1 次獲委任為原訟庭暫委法官（2011:1）
	吳嘉輝	原訟庭法官	1 次獲委任為原訟庭暫委法官（2012:1）
	薛偉成	原訟庭法官	無
	彭寶琴	原訟庭法官	4 次獲委任為原訟庭暫委法官（2012:2/2013:2）
	周家明	原訟庭法官	1 次獲委任為原訟法庭暫委法官（2009:1）。2010 年首次獲委任為特委法官，2010:1.1-2012.12.31；2013.1.1-2015.12.31，任期內於 2014 年 7 月 31 日撤銷任職
	朱佩瑩	原訟庭法官	5 次獲委任為原訟法庭暫委法官（2012:1/2013:1/.2014:2/2015:1）
	陸啟康	原訟庭法官	7 次獲委任為區域法院暫委法官（2000:6/2001:1）；7 次獲委任為原訟法官暫委法官（2011:1/2012:1/2013:3/2014:1/2015:1）

高等法院		2017 年任職	曾任特委法官或暫委法官情況
	邱智立	原訟庭法官	10 次獲委任為區域法院暫委法官（2001:1/2002:7/2006:1）；5 次獲委任為原訟法庭暫委法官（2012:1/2013:2/2014:1/2015:1）
	黃崇厚	原訟庭法官	13 次獲委任為原訟法庭暫委法官（2003:5/2004:4/2006:1/2008:1/2009:2）；7 次獲委任為原訟法庭暫委法官（2011:1/2012:2/2013:1/2014:1/2015:2）
	金貝理	原訟庭法官	5 次獲委任為原訟法庭暫委法官（2015:3/2016:2）
	李素蘭	原訟庭法官	34 次獲委任為區域法院暫委法官（2000:7/2001:3/2002:5/2003:10/2004:5/2006:2）；5 次獲委任為原訟法庭暫委法官（2014:2/2015:1/2016:1/2017:1）
	陳嘉信	原訟庭法官	3 次獲委任為區域法院暫委法官（2011:2/2012:1）；5 次獲委任為原訟法庭暫委法官（2014:2/2015:1/2016:1/2017:1）
	黃國瑛	原訟庭法官	5 次獲委任為原訟法庭暫委法官（2008:2/2011:1/2012:1/2013:1）。2013 年 3 月 1 日首次獲委任為高等給法院特委法官，2013.3.1-2016.2.2；2016.3.1-2019.2.28，任期內於 2017 年 3 月 15 日撤銷特委法官

3. 區域法院大部分法官曾出任過原訟法庭暫委法官或區域法院暫委法官

2017 年香港司法機構法官名單中，區域法院共有 43 名法官，其中首席區域法院法官 1 名，區域法院法官 42 名。其中，只有 8 位法

官從未出任過區域法院暫委法官，其餘 35 名法官均有過區域法院暫委法官的委任經歷，佔 81.4%。

表 3-12：香港區域法院法官曾出任暫委法官情況

姓名	區域法院	曾任暫委法官情況
潘兆童	首席法官	4 次獲委任為區域法院暫委法官（2006:3/2007:1）
吳美玲	區域法院法官	2 次獲委任為原訟法庭暫委法官（2013:2）； 6 次獲委任為區域法院暫委法官（2003:6）
黃一鳴	區域法院法官	28 次區域法院暫委法官（2001:6/2002:12/2003:6/ 2005:2/2006:2）
陳廣池	區域法院法官	無
梁俊文	區域法院法官	2 次獲委任為原訟法庭暫委法官（2013：2）； 1 次獲委任為區域法院暫委法官（2006:1）
麥莎朗	區域法院法官	無
葉佐文	區域法院法官	18 次獲委任為區域法院暫委法官（2001:1/2002:6/ 2003:5/2005:1/2006:2/2007:1/2008:1/2009:1）
羅雪梅	區域法院法官	14 次獲委任為區域法院暫委法官（2001:10/2002:2/ 2006:1/2007:1）
陳振國	區域法院法官	12 次獲委任為原訟法庭暫委法官（2004:3/2005:2/ 2006:2/2007:1/2008:2/2009:2）
姚勳智	區域法院法官	7 次獲委任為區域法院暫委法官（2005:2/2007:1/ 2008:2/2009:2）
黃敬華	區域法院法官	6 次獲委任為區域法院暫委法官（2005:1/2007:1/ 2008:2/2009:2/）
高勁修	區域法院法官	2 次獲委任為區域法院暫委法官（2005:1/2007:1）
游德康	區域法院法官	2 次獲委任為區域法院暫委法官（2006:1/2008:1）

姓名	區域法院	曾任暫委法官情況
郭偉健	區域法院法官	9 次獲委任為區域法院暫委法官（2001:5/2005:1/2011:2/2012:1）
林偉權	區域法院法官	16 次獲委任為區域法院暫委法官（2004:10/2007:1/2008:1/2009:1/2011:2/2012:1）
郭啟安	區域法院法官	23 次獲委任為區域法院暫委法官（2001:6/2002:5/2006:3/2007:4/2008:1/2009:1/2011:1/2012:2）
杜大衛	區域法院法官	23 次獲委任為區域法院暫委法官（2001:6/2003:3/2004:7/2006:3/2007:1/2008:1/2010:1/2012:1）
沈小民	區域法院法官	18 次獲委任為區域法院暫委法官（2001:3/2002:7/2006:2/2007:1/2008:1/2009:1/2011:2/2012:1）
胡雅文	區域法院法官	20 次獲委任為區域法院暫委法官（2002:4/2003:8/2005:1/2006:1/2008:1/2009:1/2010:1/2011:2/2012:1）
許家灝	區域法院法官	6 次獲委任為區域法院暫委法官（2003:1/2004:3/2011:1/2012:1）
黃健棠	區域法院法官	2 次獲委任為區域法院暫委法官（2010:1/2011:1）
勞潔儀	區域法院法官	14 次獲委任為區域法院暫委法官（2004:9/2005:2/2006:1/2011:2）
陳仲衡	區域法院法官	7 次獲委任為區域法院暫委法官（2005:1/2007:2/2008:1/2009:1/2010:1/2012:1）
林嘉欣	區域法院法官	5 次獲委任為區域法院暫委法官（2010:2/2011:1/2012:2）
李樹旭	區域法院法官	無
歐陽浩榮	區域法院法官	2 次獲委任為區域法院暫委法官（2010:1/2011:1）
李運騰	區域法院法官	無

姓名	區域法院	曾任暫委法官情況
梁國安	區域法院法官	2 次獲委任為區域法院暫委法官（2010:1/2012:1）
余啟肇	區域法院法官	2 次獲委任為區域法院暫委法官（2010:1/2011:1）
余敏奇	區域法院法官	16 次獲委任為區域法院暫委法官（2001:2/2002:8/2010:2/2011:1/2012:2/2013:1）
彭中屏	區域法院法官	1 次獲委任為原訟法庭暫委法官（2003:1）； 19 次獲委任為區域法院暫委法官（2002:5/2003:8/2006:1/2008:2/2010:1/2011:1/2012:1）
祁士偉	區域法院法官	17 次獲委任為區域法院暫委法官（2001:10/2005:1/2006:2/2007:1/2009:1/2011:2）
勞傑民	區域法院法官	7 次獲委任為區域法院暫委法官（2010:1/2011:2/2012:2/2013:2）
譚思樂	區域法院法官	無
葛倩兒	區域法院法官	53 次獲委任為區域法院暫委法官（2000:4/2001:11/2002:7/2003:3/2004:11/2005:1/2006:2/2007:2/2008:2/2009:2/2010:2/2011:2/2012:2/2013:2）
黎達祥	區域法院法官	2 次獲委任為區域法院暫委法官（2013:2）
翁喬奇	區域法院法官	5 次獲委任為區域法院暫委法官（2011:2/2012:1/2013:1/2014:1）
陳玉芬	區域法院法官	5 次獲委任為區域法院暫委法官（2011:1/2012:2/2013:2）
黃禮榮	區域法院法官	3 次獲委任為區域法院暫委法官 (2012:1/2013:2)
廖文建	區域法院法官	無

姓名	區域法院	曾任暫委法官情況
李俊文	區域法院法官	無
徐韻華	區域法院法官	無
李慶年	區域法院法官	5 次獲委任為區域法院暫委法官（2010:2/2011:1/2012:2）

小結

　　在特委法官和暫委法官法制度引入香港之前，香港司法機構已
經有了一定數量和規模的全職法官和司法人員行使審判職責。在全職
法官序列之外另行建立起新的非全職法官序列，究其原因，與當時整
個香港社會的司法需求和環境有著密切的關係。回顧香港非全職法官
制度引進和發展歷程，非全職法官制度在紓解香港高等法院案件輪候
時間過長、構建法律職業共同體的內部流通途徑方面發揮了重要作
用。如今，這一制度在香港已經運作了二十年，香港社會和司法界對
於非全職法官制度予以高度認可。非全職法官制度作為香港司法制度
一部分，得以繼續良好運作。

第四章

香港特區非全職法官的委任程序

香港特區非全職法官的委任資格

◇◇◇

一、香港高等法院原訟法庭特委法官的委任資格

根據香港《高等法院條例》第 6A 條規定，只有根據第 9（1）或（1）A 條有資格獲委任為高等法院法官的人，才可以委任為原訟法庭特委法官。[1] 據此，高等法院特委法官的委任資格包括：（1）在香港或其他普通法適用地區的任何法院（該等法院在民事或刑事上具有無限司法管轄權）具有大律師或訟辯人的執業資格，且在該等法院作為大律師或訟辯人已經執業最少十年；（2）在香港或任何其他普通法適用地區的任何法院（該等法院在民事或刑事上具有無限司法管轄權）具有大律師或訟辯人的執業資格，且在取得該大律師或訟辯人資格之前，已經取得該法院的律師執業資格並且在該法院作為律師執業最少已有十年；（3）取得高等法院律師執業資格且已經據此執業最少十年。

對回歸後獲得委任的特委法官進行分析，1997 年 7 月 1 日至 2017 年 6 月 30 日，香港共委任了 34 名特委法官，所有獲得委任的特委法官均為 S.C.，即大律師。在這些獲得委任的特委法官中，有 2

1　雖然第 9（1）和（1A）條曾在 1997 年和 2005 年有過修訂，但修訂僅僅是對其中的部分用詞做了改變，即以大律師或訟辯人代替之前的出庭代訟人，以高等法院律師代替之前的最高法院律師，此外，特委法官專業資格的實質性條件並沒有發生變化。

名特委法官在獲委任當時為太平紳士（J.P），有 1 名被授予銀紫荊勳章（S.B.S）。獲委任的特委法官中，男女性別差異較大。34 名被委任的特委法官中，只有 6 名為女性（梁冰濂、李志喜、黃國瑛、鄭若驊、譚允芝、陳靜芬法官），其他 28 名特委法官均為男性。2015 年至 2017 年特委法官名單中，女性特委法官的比例有大幅度增長。當時 8 名特委法官（鮑永年、黃國瑛、高浩文、何東鳴、鄭若驊、譚允芝、黃繼明、陳靜芬法官）中，有一半特委法官為女性，分別是黃國瑛、鄭若驊、譚允芝和陳靜芬法官。這一時期，女性特委法官的比例之高，在香港回歸前後特委法官的委任中均前所未有。

二、香港高等法院原訟法庭暫委法官的委任資格

香港《高等法院條例》第 10 條規定，根據第 9 條有資格獲委任為高等法院法官的人，也有資格獲委任為原訟法庭暫委法官。據此，原訟法庭暫委法官的委任資格包括：（1）在香港或任何其他普通法適用地區的任何法院（該法院在民事或刑事事宜上具有無限司法管轄權）具有大律師或訟辯人的執業資格，且在該等法院作為大律師或訟辯人已經執業最少十年。（2）在香港或其他普通法適用地區的任何法院（該法院在民事或刑事事宜上具有無限司法管轄權）具有大律師或訟辯人的執業資格，且最少有十年是香港區域法院法官；或終審法院司法常務官；或高等法院司法常務官、高級副司法常務官、副司法常務官或助理司法常務官；或區域法院司法常務官、副司法常務官或助理常務官；常任裁判官；死因裁判官；小額錢債審裁處審裁官；勞資審裁處審裁官；律政人員；法律援助署署長、助理破產管理署署長、助理首席律師、高級律師或律師；知識產權署署長、副署長、助理署長、助理首席律師、高級律師或律師。（3）在香港或任何其他普通法適用地區的任何法院（該法院在民事或刑事事宜上具有無限司法管

轄權）具有大律師或訟辯人的執業資格，且在此之前已經有資格在該等法院作為律師執業最少十年。（4）在香港或任何其他普通法適用地區的任何法院（該法院在民事或刑事事宜上具有無限司法管轄權）具有大律師或訟辯人的執業資格，且在此之前已經有資格在該等法院作為律師執業，且最少曾有十年是香港區域法院法官；或終審法院司法常務官；或高等法院司法常務官、高級副司法常務官、副司法常務官或助理司法常務官；或區域法院司法常務官、副司法常務官或助理常務官；常任裁判官；死因裁判官；小額錢債審裁處審裁官；勞資審裁處審裁官；律政人員；法律援助署署長、助理破產管理署署長、助理首席律師、高級律師或律師；知識產權署署長、副署長、助理署長、助理首席律師、高級律師或律師。（5）獲得高等法院律師執業資格且如此執業最少十年。（6）香港或任何其他普通法適用地區的任何法院（該法院在民事或刑事事宜上具有無限司法管轄權）的律師，且最少在過去兩年內及現在受僱於香港官方從事司法或法律工作，並且最少曾有十年是在該等法院執業為大律師或訟辯人，或最少曾有十年受僱於香港官方從事司法或法律工作。

　　從 2000 年 1 月 1 日到 2017 年 6 月 30 日，香港共委任原訟法庭暫委法官 123 人。以 2013 年的委任情況看，2013 年香港共委任 25 名原訟法庭暫委法官。其中大律師 7 人（包括鄭若驊、黃國瑛、陳靜芬、黃繼明、李紹強、韋浩德、林孟達法官）、區域法院法官 7 人（包括吳美玲、梁俊文、陸啟康、邱智立、黃崇厚、彭寶琴、朱佩瑩法官）、退休法官 11 人（包括貝偉和、郭美超、施鈞年、司徒冕、胡國興、辛達誠、夏正民、麥明康、孫國治、馬永新、梅賢玉法官）。

三、區域法院暫委法官的委任資格

　　根據香港《區域法院條例》第 7 條規定，任何有資格根據《區域

法院條例》第 5 條獲委任為區域法院法官的人均有資格獲委任為區域法院暫委法官。據此，區域法院暫委法官的委任資格包括以下情形：在香港或任何其他普通法適用地區的任何法院（該法院在民事或刑事事宜上具有無限司法管轄權）具有大律師、律師或訟辯人的執業資格，且在獲得該資格後，已經在一段不少於五年的期間或者總共不少於五年的不同期間內曾為：（1）在該等法院執業為大律師、律師或訟辯人；或（2）高等法院司法常務官、高等法院高級副司法常務官、高等法院副司法常務官或高等法院助理司法常務官；（3）區域法院司法常務官、副司法常務官或助理司法常務官；（4）常任裁判官；（5）死因裁判官；（6）小額錢債審裁處審裁官；（7）勞資審裁處審裁官；（8）律政人員；（9）法律援助署署長、法律援助署副署長、法律援助署助理署長或法律援助主任；（10）破產管理署署長、助理破產管理署署長（法律）、助理首席律師、高級律師或律師；（11）知識產權署署長、知識產權署副署長、知識產權署助理署長、助理首席律師、高級律師或律師。

四、特委法官和暫委法官委任資格的比較

特委法官和暫委法官都屬於香港特區非全職法官，但比較兩者的委任資格，可以發現存在以下不同：

1. 與同職位全職法官相比，特委法官的委任資格比較嚴格，暫委法官委任資格與全職法官完全一致

同為香港高等法院原訟法庭法官，香港高等法院原訟法庭特委法官和同職位全職法官的委任資格雖有一定的重疊，但並不完全一致。香港《高等法院條例》第 9 條「法官的專業資格」規定了可獲委任為高等法院法官必須符合的多種專業資格條件，但能夠獲委任為高等法院特委法官的人只能是符合《高等法院條例》第 9（1）或 9（1A）

條規定資格的人，即前三種情形。因此，符合原訟法庭特委法官專業資格的人，也同時是有資格獲委任為原訟法庭全職法官的；但是有資格獲委任為原訟法庭全職法官的人，卻不一定符合獲委任為原訟法庭特委法官的條件。可見，香港高等法院原訟法庭特委法官的任職資格要求比較嚴格。

相反，暫委法官的委任資格與同職位全職法官的委任資格要求完全一致。其中，高等法院原訟法庭暫委法官的委任資格與原訟法庭全職法官的委任資格相同；區域法院暫委法官與區域法院全職法官的委任資格相同。

2. 特委法官的來源比較單一，暫委法官的來源更為多元化

特委法官候選人要求必須屬於在法律界全職執業的律師，包括律師和大律師。立法對可以獲得遴選資格的律師或大律師有著較高的要求，一是在執業法院的級別上，要求必須是香港高等法院的律師，或者是香港或其他普通法地區在民事或刑事案件上具有無限管轄權法院的大律師；二是在律師執業的年限上，要求以律師或大律師執業資格的年限最少是十年。因此特委法官只能從法律界全職執業十年以上的律師或大律師中遴選，而不能從其他類型的法律從業人員，比如下級法院法官或其他司法人員，或政府法律工作人員中遴選特委法官。顯然，特委法官來源具有單一化的特徵，這使得特委法官職位的設置成為全職執業的律師（包括律師或大律師）遴選特委法官的專門通道。

暫委法官的來源則更為多元化。暫委法官候選人的專業資格，既可以和特委法官一樣，是在法律界全職執業的律師（例如有資格獲委任為高等法院特委法官的人也符合其暫委法官的專業資格要求）；但同時也允許雖不從事全職律師職業，但具有大律師或律師資格且在下級法院或者其他部門有過任職經歷的人擔任暫委法官。因此，高等法院暫委法官也可以是具有大律師或律師資格並曾經有過至少十年經歷的區域法院法官，或終審法院司法常務官，或高等法院司法常務

官、高級副司法常務官、副司法常務官或助理司法常務官；或區域法院司法常務官、副司法常務官或區域法院助理司法常務官；或裁判法院常任裁判官；或死因裁判官；或小額錢債審裁處審裁官；或勞資審裁處審裁官；或律政人員，或者法律援助署署長（或法律援助署副署長、法律援助署助理署長或法律援助主任）或破產管理署署長（或助理破產管理署署長、或助理首席律師、高級律師或律師）或知識產權署署長（或副署長，或助理署長或高級律師或律師）。[2] 區域法院暫委法官可以是具有大律師或律師資格並有過最少五年經歷的高等法院司法常務官、高等法院高級副司法常務官、高等法院副司法常務官或高等法院助理司法常務官；或區域法院司法常務官、副司法常務官或助理司法常務官；或常任裁判官；或死因裁判官；或小額錢債審裁處審裁官；或勞資審裁處審裁官；或律政人員；或法律援助署署長、法律援助署副署長、法律援助署助理署長或法律援助主任；或破產管理署署長、助理破產管理署署長（法律）、助理首席律師、高級律師或律師；或知識產權署署長、知識產權署副署長、知識產權署助理署長、助理首席律師、高級律師或律師。就此而言，暫委法官的遴選來源較為多元化，可以從律師中進行遴選，也可以從下級法院的法官或司法人員中進行遴選，也可以從其他與法律相關的行業的從業人員中遴選。

3. 特委法官來源全部為非司法機構人員，暫委法官來源包括司法機構人員和非司法機構人員

特委法官的任職資格為法律界全職執業的律師，其聘任都是從法院外部聘任法律界人士擔任，特委法官都屬於非全職法官。

暫委法官相對則比較複雜。暫委法官的聘任制度包括內部聘任和對外聘任兩種。內部聘任指由下一級法院法官或司法人員出任上一

2　《高等法院條例》第 9（2）條。

級法院的暫委法官，例如如由全職的裁判官出任區域法院暫委法官，或者由全職的區域法院法官出任高等法院原訟法庭的暫委法官。此類暫委法官在被聘任為暫委法官之前，本身就已經是香港法院的全職法官或全職司法人員，被聘任的暫委職位是上一級法院的非全職法官，這種聘任實際上是上級法院抽調下級法院法官到上級法院審理案件，屬於內部聘任。外部聘任是指從法律界全職執業人士或者其他法律行業的從業人員中聘任暫委法官，比如從律師中聘請暫委法官，或者從知識產權署或破產管理署或律政人員中聘任的暫委法官，此類暫委法官在獲委任之前不屬於司法機構人員，因此其從事暫委法官職位時為兼職暫委法官。

香港特區非全職法官的委任緣由

一、特委法官的委任緣由

對於出現何種情形時才可以委任新的特委法官，香港立法沒有明確。由於特委法官委任需經過司法人員推薦委員會推薦才能獲得委任，根據《司法人員推薦委員會條例》的規定，只要特委法官司法職位出現空缺，司法人員推薦委員會就可以向行政長官就該空缺的填補提供意見或者作出推薦，行政長官根據司法人員推薦委員會的推薦進行委任。因此，特委法官司法職位何時出現空缺成為是否需要委任特委法官的關鍵因素。對於這一問題的考量，牽涉到特委法官的員額問題。但是，到目前為止，香港高等法院特委法官的數量並沒有具體的員額要求。從實踐情況上看，每年特委法官的任職人數也不盡相同，1997 年至 2017 年，特委法官年度任職人數跨度從 8 人到 16 人浮動，其中 2006 年委任人數最多，達到 16 名。2011 年到 2017 年特委法官人數保持相對穩定，特委法官的年度任職人數保持在 9 名。由於沒有固定的員額，因此什麼時候出現空缺沒有具體的判斷標準。但是，如果回溯特委法官制度的產生原因，引入特委法官制度是為了解決案件輪候時間過長的問題，因此如果香港高等法院出現案件輪候時間過長時，應該就是產生可以委任特委法官的緣由。

二、暫委法官的委任緣由

暫委法官是根據香港終審法院首席法官的意願任命的，對於香港終審法院首席法官在何種情形之下可以委任暫委法官，香港條例有明確要求。無論是高等法院暫委法官還是區域法院暫委法官的委任，相關條例要求香港終審法院首席法官只能在出現以下情形之一時才可以委任暫委法官。高等法院暫委法官的委任緣由是：任何原訟法庭法官的職位因任何理由而懸空；或者終審法院首席法官為了執行司法工作的利益，有需要暫時委任一名暫委法官。[1] 相同的規定也出現在區域法院暫委法官的委任中。[2]

從條例的規定看，暫委法官委任緣由包括兩種情形：一種是客觀情形，即原訟法庭或區域法域法官職位出現空缺，至於空缺的理由或者原因不影響是否要進行暫委法官的委任；另一種是主觀情形，即終審法院首席法官判斷為了執行司法工作，認為有需要暫時委任一名暫委法官時，即構成暫委法官的委任緣由，這一情形與是否出現法官職位空位沒有關係。

---

1 《高等法院條例》第 10 條。
2 《區域法院條例》第 7 條。

香港特區非全職法官的任期與連任

◇◇◇

一、香港特區非全職法官的任期

1. 特委法官

香港《高等法院條例》第 6A 條僅規定特委法官的「任期按藉以作出該委任的文書所指明者而定。」此外，對於任期、連任和工作時間沒有其他的規定。可以說，特委法官的任期、連任和工作時間在法律上並沒有明確的界定，呈現出個性化的特徵，並跟隨司法慣例確定。

特委法官任期的長短由行政長官在委任特委法官時的委任書中指明即可。實踐中，回歸後香港特區行政長官在公佈特委法官的委任憲報時，會在憲報中同時公佈特委法官的任期。從已委任的情況看，一般情況下，被委任的特委法官任期都為三年。但有過兩次例外，即2004 年再度委任陳景生法官和黃福鑫法官為特委法官時，兩位特委法官的任期均為 2004 年 9 月 25 日到 2007 年 11 月 30 日，任期超過了三年。

2. 暫委法官

根據香港《高等法院條例》，原訟法庭暫委法官的任期是由香港終審法院首席法官指明的。因此，原訟法庭暫委法官任期屬於香港終審法院首席法官自由裁量的事權範圍。2000 年至 2017 年有關委任原

訟法庭暫委法官的憲報顯示，原訟法庭暫委法官的任期比較分化，有一定的時間階段性。

在 2000 年至 2004 年間，除極個別暫委法官任期少於一個月或者多於一個月外，大部分原訟法庭暫委法官的任期基本是以 1 個月為 1 個委任周期，公佈的憲報的表述多數為：「現公佈終審法院首席法官業已行使《高等法院條例》第 10 條所賦予的權力，委任 ××× 於 20×× 年 × 月份期內為高等法院原訟法庭暫委法官」。由於任期非常短，因此大多數暫委法官得到了連任，且連任的次數非常多。比如龍禮法官，從 2000 年 6 月到 2002 年 8 月，每月一任，連任了 27 個月。從 2005 年開始，基本不再出現上述情況，憲報開始明確指出具體的任期，被委任法官擔任周期長短不一，任期跨度總體上相對加長（大多數任期都是一個月以上）。但部分暫委法官的委任具有連續性，委任期間多為六到九個月。

從 2000 年至 2017 年 6 月 30 日，有一位暫委法官的任期為三年，為暫委法官中的最長任期（辛達誠法官，任期 2006.11.1-2009.10.31，憲報編號 200610426522）；最短任期僅有一天，有多名法官有過一天任期的委任經歷。有 37 次暫委法官的委任任期僅有一天，為暫委法官委任中的最短任期，且集中出現在 2015 年至 2017 年，有多次一天任期的委任情況。

表 4-1：任期為一天的香港高等法院原訟法庭暫委法官

	名字	時間	憲報編號
2002	麥高義	2002.4.15	200206152101
	韋理義	2002.6.1	200206223111
2005	杜麗冰	2005.8.4	200509323816

	名字	時間	憲報編號
2008	黃國瑛	2008.3.18	200812111537
	馬永新	2008.6.12	200812233694
	蔡源福	2008.12.15	200812508339
2013	辛達誠	2013.8.28	201317344876
	辛達誠	2013.8.30	201317365228
2015	萬崇理	2015.9.21	201519386949
	林定國	2015.9.29	201519407429
	游德康	2015.11.5	201519458504
	游德康	2015.11.26	201519489024
	葉巧琦	2015.12.3	201519489025
	游德康	2015.12.4	201519499354
	司徒冕	2015.12.1	201519499355
	麥明康	2015.12.1	201519509476
	司徒冕	2015.12.2	201519509477
2016	陳廣池	2016.2.15	20162007851
	陳廣池	2016.4.20	201620162183
	杜大衛	2016.5.4	201620172321
	陳廣池	2016.5.12	201620182522
	郭啟安	2016.7.25	201620304158
	郭啟安	2016.8.18	201620344739
	游德康	2016.9.19	201620385287
	郭啟安	2016.9.29	201620405600
	郭啟安	2016.11.7	201620456301
	葉靜思	2016.11.18	201620466451
	郭慶偉	2016.12.2	201620486797

	名字	時間	憲報編號
2017	陳仲衡	2017.1.16	20172103223
	林定國	2017.1.24	20172104348
	陳仲衡	2017.2.17	20172108890
	孔思和	2017.3.3	201721101169
	高樂賢	2017.3.8	201721101170
	陳仲衡	2017.3.31	201721131532
	葉靜思	2017.4.5	201721141752
	彭中屏	2017.5.15	201721193022
	高樂賢	2017.6.15	201721243852
	葉靜思	2017.6.28	201721264277

二、香港特區非全職法官的連任

1. 特委法官的連任

1997 年到 2017 年 6 月 30 日 34 名特委法官的任免中，連任次數長短不一，幅度從一任到四任，呈現兩極分佈，大多數法官僅有一任，或連續獲得三任。（1）僅獲得一次任職的特委法官有 13 名，其中，3 名法官在首任任期尚未屆滿前被撤銷委任；5 名法官在首次委任期滿後未獲得再度委任；5 名法官為 2015 年首次任免，到 2017 年 6 月 30 日首任任期還未屆滿。（2）獲得兩次委任的法官有 8 名，其中 3 名法官在第二任委任期屆滿前被撤銷任職；2 名法官在第二次委任任期屆滿後未獲得再度委任；3 名法官在 2017 年 6 月 30 日前第二任任期還沒屆滿。（3）獲得三次委任的法官有 10 名，其中 2 名法官在第三次委任期內被撤銷任職，8 名法官在三次委任屆滿後未再獲得委任。（4）獲得四次委任的法官有 3 名。以上數據顯示，特委法官的

連任期最長為四任，最短為一任，大多數特委法官可以獲得三任任期的委任。

表 4-2：香港高等法院原訟法庭特委法官的連任情況

任數	人數	結果
1 （13 名）	馬道立：2000 年委任（不到一任，即撤銷） 倫明高：2000 年委任（不到一任，即撤銷） 李義：1997 年委任（不到一任，即撤銷）	（不到一任，即撤銷）
	羅正威：1997 年委任，2000 年年任期屆滿後未獲得再度委任 廖長城：2000 年委任，2003 年任期屆滿後未獲得再度委任 李志喜：2000 年委任，2003 年任期屆滿後未獲得再度委任 麥高義：2006 年委任，2008 年任期屆滿後未獲得再度委任 黃旭倫：2010 年首任，2013 年任期屆滿後未獲得再度委任	一任任期屆滿後未獲得再度委任
	鄭若驊：2015 年首任 譚允芝：2015 年首任 黃繼明：2015 年首任 陳靜芬：2015 年首任 韋浩德：2015 年首任	到 2017 年 6 月 30 日止首任任期還未屆滿
2 （8 名）	鄧楨：1998 年再任，2001 年再任，任期內未滿被撤銷任職 麥機智：2006 委任，2008 再任，任期內於 2010 年 4 月撤銷任職 黃國瑛：2013 年首任，2016 再任，任期內 2017 年 3 月撤銷任職	第二任委任期內被撤職
	霍兆剛：2003 首任，2006 再任 周家明：2010 首任，2013 再任	第二任任期屆滿後未獲再度委任

任數	人數	結果
	鮑永年：2013 年首任，2016 年再任 高浩文：2013 年首任，2016 年再任 何東鳴：2013 年首任，2016 年再任	到 2017 年 6 月 30 日第二任任期尚未屆滿
3 （10 名）	王正宇：1997 年首任，2000 再任，2003 再任 陳景生：1998 年再任，2001 再任，2004 再任 黃福鑫：1998 年首任，2001 再任，2004 再任 余若海：2003 首任，2006 再任，2009 再任 馮柏棟：2006 首任，2008 再任，2012 再任 何沛謙：2006 首任，2008 再任，2012 再任 瞿紹唐：2006 首任，2008 再任，2012 再任 石永泰：2006 首任，2008 再任，2012 再任	第三任任期屆滿未獲再度委任
	陳健強：2006 首任，2008 再任，2012 再任，任期內於 2012 年 11 月 1 日撤銷任職 袁國強：2006 首任，2008 再任，2012 再任，任期內於 2012 年 7 月 1 日撤銷任職	第 3 任任期屆滿前被撤銷任職
4 （3 名）	梁冰濂：1997 年首任，2000 再任，2003 再任，2006 再任 郭慶偉：1997 年首任，2000 再任，2003 再任，2006 再任 駱應淦：1997 年首任，2000 再任，2003 再任，2006 再任	第 4 任任期屆滿後未獲再度委任

2. 暫委法官的連任

（1）香港高等法院原訟法庭暫委法官

123 名香港高等法院原訟法庭暫委法官中，被委任次數變化也非常大，變化幅度在 1 次到 55 次之間。有 30 名暫委法官僅被委任 1 次，93 名暫委法官被委任 2 次乃至多次。具體而言，有 67 名原訟法庭暫委法官被委任次數在 2 次到 10 次，佔了大多數比例；有 10 名原訟法庭暫委法官被委任次數在 11 次以上 20 次及以下；有 10 名原訟

法庭暫委法官被委任次數在 21 次到 30 次；有 4 名原訟法庭暫委法官被委任次數在 31 次到 40 次；有 2 名原訟法庭暫委法官被委任次數在 41 次到 50 次；有 2 名原訟法庭暫委法官被委任的次數在 50 次以上。

表 4-3：香港高等法院原訟法庭暫委法官的委任次數
（2000 年 5 月至 2017 年 6 月 30 日）

次數	人數	法官名單及委任時間
1	30	Michael Bunting2001:1；芮安牟 2002:1；湯家驊 2002:1；黃敏傑 2002:1；余若海 2002:1；何沛謙 2003:1；黃仁龍 2003:1；翟紹唐 2004:1；梁邵中 2006:1；區慶祥 2008:1；麥健濤 2008:1；韋施博 2009:1；周家明 2009:1；包華禮 2009:1；鄧樂勤 2010:1；林雲浩 2011:1；吳嘉輝 2012:1；楊家雄 2012:1；夏正民 2013:1；林孟達 2013:1；陸啟康 2014:1；鄭蕙心 2014:1；石輝 2015:1；布思義 2016:1；范堯輝 2016:1；馮柏棟 2016:1；黃文傑 2017:1；胡雅文 2017:1；藍德業 2017:1；黃永恩 2017:1
2	17	麥高義 2001:1/2002:1；王見秋 2002:2；麥機智 2002:1/2003:1；黃旭倫 2008:1/2009:1；蔡源福 2008:1/2009:1；歐陽桂如 2010:1/2011:1；鮑永年 2011:1/2012:1；甄孟義 2011:1/2012:1；陳美蘭 2011:2；石仲廉 2012:2；梁俊文 2013:2；陳靜芬 2013:1/2014:1；杜大衛 2016:2；李運騰 2016:1/2017:1；紹德緯 2016:2；孔思和 2016:1/2017:1；范禮尊 2016:1/2017:1
3	12	彭中屏 2003:1/2016:1/2017:1；夏利士 2007:1/2008:1/2009:1；李瀚良 2009:1/2010:1/2011:1；陳慶偉 2009:1/2010:1/2011:1；高浩文 2010:1/2011:1/2012:1；韋浩德 2011:1/2012:1/2014:1；Anthony Kenneth Houghton 2011:1/2012:2；彭寶琴 2012:2/2013:1；黃繼明 2013:2/2014:1；鄧立泰 2014:2/2015:1；祁彥輝 2014:1/2015:1/2016:1；包鍾倩薇 2015:1/2016:1/2017:1

次數	人數	法官名單及委任時間
4	13	Aarif Tybjee Barma2002:3/2003:1；黃國瑛 2008:2/2011:1/2012:1；邱智立 2012:1/2013:2/2014:1；胡國慶 2012:1/2013:3；朱佩瑩 2012:1/2013:1/2014:2；李紹強 2013:1/2015:1/2016:1/2017:1；李素蘭 2014:2/2015:1/2016:1；貝珊 2014:1/2015:2/2016:1；陳嘉信 2014:2/2015:1/2016:1；馮庭碩 2014:1/2015:1/2016:2；萬崇理 2015:3/2016:1；金貝理 2015:3/2016:1；葉巧琦 2015:3/2017:1
5	13	黃永輝 2000:5；湯寶臣 2000:5；朱芬齡 2000:5；簡士勳 2007:1/2008:1/2009:1/2011:1/2012:1；鄭若驊 2011:1/2012:2/2013:1/2014:1；陸啟康 2011:1/2012:1/2013:3；吳美玲 2013:2/2015:2/2016:1；潘兆童 2014:2/1015:1/2016:1/2017:1；彭耀鴻 2014:1/2015:1/2016:3；林定國 2015:2/2016:1/2017:1；郭慶偉 2015:2/2016:2/2017:1；陳廣池 2015:1/2016:3/2017:1；葉靜思 2015:1/2016:2/2017:2
6	6	韓敬善 2000:6；黃崇厚 2011:1/2012:2/2013:1/2014:1/2015:1；譚允芝 2011:2/2012:2/2014:2；余啟肇 2014:3/2015:1/2016:2；郭啟安：2016:6；陳仲衡 2016:2/2017:4
7	1	游德康 2015:5/2016:2
8	1	貝偉和 2009:1/2011:1/2012:1/2013:1/2014:1/2015:2/1017:1
9	2	丁雅賢 2003:6/2004:3；高樂賢 2015:2/2016:5/2017:2
10	2	馬永新 2007:1/2008:2/2009:1/2010:1/2012:1/2013:1/2014:/2015:1/2016:1；胡國興 2014:3/2015:4/2016:3
11	2	關淑馨 2000:8/2001:3；陳江耀 2004:1/2005:2/2006:1/2007:2/2008:1/2009:1/2010:2/2011:1
12	2	梅賢玉 2004:2/2005:1/2008:1/2009:1/2010:1/2011:3/2012:1/2013:1/2014:1；孫國治 2011:1/2012:2/2013:2/2014:2/2015:2/2016:2/2017:1
15	1	施鈞年 2012:2/2013:3/2014:3/2015:3/2016:3/2017:1

次數	人數	法官名單及委任時間
17	2	潘敏琦 2003:9/2004:3/2005:1/2006:1/2007:2/2008:1/； 郭美超 2012:2/2013:4/2014:2/2015:3/2016:3/2017:3
18	1	賴磐德 2002:5/2003:4/2005:2/2006:1/2007:1/2008:2/2016:2
21	3	韋理義 2000:4/2001:12/2002:5；張舉能 2001:2/2002:12/2003:7； 司徒冕 2010:1/2011:1/2012:2/2013:3/2014:2/2015:5/2016:3/20 17:2
24	2	林文瀚 2001:5/2002:12/2003:7；郭靄誠 2002:7/2003:3/2004:3 /2005:1/2006:1/2007:2/2008:1/2009:1/2010:2/2011:1/2012:2
25	1	韋毅志 2002:7/2003:2/2004:9/2005:1/2006:2/2012:2/2014:2
26	1	馮驊 2001:1/2002:8/2003:3/2004:11/2005:2/2006:1
27	2	麥明康 2000:8/2001:11/2013:1/2014:1/2015:3/2016:2/2017:1； 辛達誠 2002:9/2004:10/2006:1/2012:1/2013:2/2014:1/2015:1/ 2016:1/2017:1
29	1	彭偉昌 2002:9/2003:7/2004:8/2005:2/2006:1/2007:1/2008:1
31	1	鄔禮賢 2000:8/2001:12/2002:11
38	1	張慧玲 2000:4/2001:12/2002:4/2003:10/2004:5/2005:2/2006:1
39	2	姬大維 2000:8/2001:12/2002:3/2003:10/2004:1/2005:2/2006:1/ 2007:1/2008:1；麥卓智 2000:5/2001:12/2002:5/2003:9/2004:3/ 2005:3/2006:1/2007:1
47	1	杜麗冰 2000:4/2001:12/2002:7/2003:4/2004:11/2005:2/2006:1/ 2007:1/2008:2/2009:1/2010:1/2011:1
48	1	龍禮 2000:8/2001:12/2002:7/2003:8/2004:6/2005:1/2006:1/2007: 2/2008:1/2009:1/2010:1/2011:1
52	1	潘兆初 2000:1/2001:12/2002:12/2003:12/2004:12/2005:2/2006:1
55	1	杜溎峰 2000:8/2001:12/2002:12/2003:12/2004:5/2005:1/2006:1 /2007:2/2008:1/2017:1

（2）香港區域法院暫委法官

區域法院暫委法官的委任次數也非常分化，在 1 次到 53 次之間。在 206 名區域法院暫委法官中，有 67 名法官僅被委任 1 次；139 名法官有過 2 次以上的委任經歷；其中有 1 名法官曾被委任 53 次。具體而言，被委任 1 次至 10 次的法官有 164 名；被委任 11 次至 20 次的法官有 33 名；被委任 21 次至 30 次的有 6 名；被委任 30 次以上的有 3 名。

表 4-4：香港區域法院暫委法官的委任次數
（2000 年 5 月至 2017 年 6 月 30 日）

次數	人數	名單
1	67	麥業成 2001:1；陳江耀 2001:1；黃麗君 2002:1；林清培 2002:1；朱佩瑩：2002:1；蘇紹聰 2002:1；郭天穗 2002:1；吳承威 2005:1；陳家殷 2006:1；梁俊文 2006:1；黃汝榮 2006:1；陳美蘭 2006:1；區慶祥 2006:1；黃永輝 2006:1；張威達 2006:1；Mrs. Sharon Dawn Melloy 2006:1；張漢標 2008:1；嘉理仕 2008:1；許偉強 2008:1；麥兆祥 2009:1；徐偉南 2009:1；林國輝 2009:1；岑炳生 2009:1；陳宇文 2010:1；關兆明 2010:1；徐嘉華 2010:1；黃若鋒 2010:1；李煥文 2011:1；鍾加康 2011:1；Mr. Colin Andrew Shipp 2011:1；李慕潔 2011:1；鍾偉強 2011:1；陳泳豪 2012:1；鍾偉傑 2012:1；梁寶儀 2012:1；許文恩 2012:1；Mr. Warren Patrick Ganesh 2012:1；毛樂禮 2012:1；Mr. Sanjay Arjan Sakhrani 2013:1；黃慶春 2013:1；張君銘 2013:1；黎雅雯 2013:1；莫子應 2010:1；羅志霖 2014:1；蕭朝堅 2014:1；烏佩貞 2014:1；梁偉強 2014:1；韋漢熙 2014:1；黃國輝 2014:1；葉祖耀 2014:1；李國威 2015:1；徐琦薇 2015:1；汪祖耀 2015:1；張潔宜 2015:1；廖建華 2015:1；凌振威 2015:1；鄧少雄 2016:1；高偉雄 2016:1；郭錦蕙 2016:1；張天雁 2016:1；王詩麗 2016:1；劉綺雲 2016:1；陳錦泉 2016:1；盧君政 2016:1；蘇嘉 2017:1；葉煥信 2017:1；黃樂豪 2017:1

次數	人數	名單
2	33	艾家敦 2002:1/2005:1；周慧駐 2002:1/2007:1；胡周婉文 2004:1/2005:1；高勁修 2005:1/2007:1；游德康 2006:1/2008:1；王興偉 2008:2；許慶輝 2008:2；彭耀鴻 2008:1/2009:1；鄭淑儀 2008:2；鄭明斌 2009:2；陳鴻興 2010:1/2012:1；余啟肇 2010:1/2011:1；杜淦堃 2010:1/2012:1；歐陽浩榮 2010:1/2011:1；梁國安 2010:1/2012:1；黃健棠 2010:1/2011:1；蘇明哲 2011:2；張天任：2012:1/2016:1；蘇惠德 2013:2；沈其亮 2014:1/2017:1；蔡維邦 2014:2；陳連基 2014:2；林定韻 2014:2；熊健民 2015:1/2016：1；吳敏生 2015:1/2016:1；黃瑞珊 2015:1/2016:1；廖文健 2015:1/2016:1；杜潔玲 2015：1/2016:1；許卓倫 2016:2；鄭頌平 2016:2；李紹豪 2016:1/2017:1；鄭麗珊 2016:1/2017:1；馬嘉駿 2017:2
3	17	黃篤清 2002:1/2006:1/2008:1；陳嘉信 2002:1/2011:1/2012:1；林鉅溥 2003:1/2005:1/2007:1；蘇文隆 2011:1/2012:1/2016:1；龍禮 2012:1/2013:2；黎達祥 2013:2/2014:1；伍兆榮 2013:1/2015:2；吳港發 2015:1/2016:1/2017:1；李冠雄 2015:1/2016:2；梁兆東 2017:3；萬可宜 2016:3；張志偉 2016:2/2017:1；藍德業 2013:1/2014:2；陳聰枋 2015:2/2016:1；鄭念慈 2015:2/2016:1；廖玉玲 2015:1/2016:2；張金良 2015:1/2016:1/2017:1
4	11	梁榮宗 2000:4；簡士勳：2000:4；韋達 2001:4；潘兆童 2006:3/2007:1；林嘉欣 2010:2/2011:1/2012:1；沈智慧 2012:2/2013:1；李慶年 2010:1/2011:1/2012:1/2016:1；何展鵬 2013:1/2014:2/2015:1；施善政 2014:1/2015:1/2016:2；林展程 2016:1/2017:3；林美施 2014:1/2016:2/2017:1
5	8	祁雅年 2000:5；黃敬華 /2005:1/2007:1/2008:2/2009:1；鄭紀航 2010:2/2011:1/2012:2；雷健文 2010:2/2013:1/2017:2；杜浩成 2011:1/2012:1/2015:1/2016:2；葉樹培 2013:1/2015:2/2017:2；陳慧敏 2014:1/2015:4；沈偉民 2015:2/2016:3

次數	人數	名單
6	13	羅麗娟 2000:5/2001:1；施萬德 2002:6；吳美玲 2003:6；許家灝 2003:1/2004:3/2011:1/2012:1；李瀚良 2004:5/2005:1；姚勳智 2005:2/2007:1/2008:2/2009:1；翁喬奇 2011:2/2012:2/2013:2；陳錦昌 2005:1/2006:1/2007:1/2008:1/2009:1/2010:1；勞傑民 2010:1/2011:2/2012:2/2013:1；郭靄誠 2012:1/2013:5；溫紹明 2014:1/2015:1/2016:1/2017:1；羅麗萍 2014:3/2015:1/2016:2；何慧縈 2015:3/2016:3
7	5	陳仲衡 2005:1/2007:2/2008:1/2009:1/2010:1/2012:1；譚利祥 2013:1/2015:1/2016:4/2017:1；麥國昌 2014:3/2015:1/2016:2/2017:1；何世文 2014:2/2015:3/2016:1/2017:1；謝沈智慧 2014:1/2015:3/2016:2/2017:1
8	3	陸啟康 2000:8；李慧思 2001:5/2002:1/2005:2；郭偉健 2001:5/2005:1/2011:2
9	7	馬保華 2000:5/2005:1/2006:1/2007:1/2008:1；羅德泉 2001:6/2002:3；文偉新 2001:3/2002:3/2004:1/2007:1/2008:1；邱智立 2001:2/2002:6/2006:1；陳慶偉 2002:6/2004:2/2006:1；黃禮榮 2012:1/2013:2/2014:2/2015:2/2016:2；彭家光 2013:2/2014:2/2015:2/2016:2/2017:1
11	7	莊景傑 2000:3/2001:2/2002:5/2006:1；周紹和 2001:8/2002:1/2006:1/2014:1；黃崇厚 2003:6/2004:3/2006:1/2008:1；陳振國 2004:3/2005:2/2006:2/2007:1/2008:2/2009:1；陳玉芬 2011:1/2012:2/2013:2/2014:2/2015:2/2016:2；周博芬 2014:2/2015:4/2016:3/2017:2；黃偉權 2014:1/2015:7/2016:3
12	2	何禧蓮 2000:7/2002:5；徐韻華 2014:1/2015:4/2016:6/2017:1
14	4	羅雪梅 2001:10/2002:2/2006:1/2007:1；勞潔儀 2004:9/2005:2/2006:1/2011:2；衛以寬 2001:3/2002:2/2004:9 李唯治 2001:2/2002:6/2003:1/2004:2/2006:1/2007:1/2009:1
15	4	簡達仁 2001:6/2002:2/2003:7；陳玲玲 2004:1/2005:1/2006:1/2007:2/2008:2/2009:2/2010:2/2012:1/2013:2；麥理庭 2000:1/2001:4/2002:3/2003:6；林偉權 2004:10/2007:1/2008:1/2009:1/2011:2

次數	人數	名單
16	2	鮑理賢 2000:5/2001:3/2002:6/2004:1/2005:1；余敏奇 2001:2/2002:8/2010:2/2011:1/2012:2/2013:1
17	5	錢禮 2000:7/2001:3/2003:1/2005:1/2006:1/2007:2/2010:1/2012:1；葉佐文 2001:1/2002:6/2003:5/2005:1/2006:2/2007:1/2008:1；沈小民 2001:3/2002:7/2006:2/2007:1/2008:1/2009:1/2011:2；嚴舜儀 2006:1/2007:1/2010:2/2011:2/2012:2/2013:2/2014:3/2015:2/2017:1；吳蕙芳 2003:9/2005:2/2006:2/2008:1/2010:2/2012:1
18	3	唐文 2000:8/2001:5/2002:5；唐慕賢 2001:4/2002:3/2004:5/2005:2/2006:2/2007:2；彭中屏 2002:5/2003:8/2006:1/2008:2/2011:1/2012:1
19	2	麥健濤 2001:6/2002:8/2004:4/2006:1；鄧立泰 2001:5/2002:5/2004:6/2005:1/2006:1/2007:1
20	4	阮偉明 2000:5/2002:6/2005:1/2006:1/2007:4/2008:1/2010:1/2011:1；練錦鴻 2000:4/2001:2/2003:5/2004:5/2006:2/2007:1；馬漢璋 2001:6/2003:13/2005:1；胡雅文 2002:4/2003:8/2005:1/2006:1/2008:1/2009:1/2010:1/2011:2/2012:1
22	2	杜大衛 2001:6/2003:3/2004:7/2006:3/2007:1/2008:1/2010:1；郭啟安 2001:6/2002:5/2006:3/2007:4/2008:1/2009:1/2011:1/2012:1
23	2	周燕珠 2002:7/2003:9/2006:1/2007:1/2008:1/2009:1/2011:2；祁士偉 2001:11/2002:4/2005:1/2006:2/2007:1/2009:1/2011:2/2014:1
25	1	許肇強 2002:10/2003:12/2004:3
28	1	黃一鳴 2001:6/2002:12/2003:6/2005:2/2006:2
34	2	李素蘭 2000:8/2001:2/2002:6/2003:12/2004:4/2006:2；曾健仕 2000:8/2001:2/2002:11/2003:6/2005:2/2007:4/2008:1
53	1	葛倩兒 2000:4/2001:12/2002:6/2003:3/2004:11/2005:1/2006:2/2007:2/2008:2/2009:2/2010:2/2011:2/2012:2/2013:2

香港特區非全職法官的委任程序

◇◇◇

▌一、香港高等法院原訟法庭特委法官的委任程序

（一）公告形式

香港高等法院原訟法庭特委法官的委任分為三種類型：首次委任、再次委任和繼後委任。首次委任指第一次獲委任為特委法官；再次委任指在前一次委任期限屆滿時被再次委任為特委法官；繼後委任指以前曾被委任為特委法官，期滿或沒有獲得連續委任，但之後一段時間又被重新委任。但無論何種委任類型，其委任程序均相同。

香港《高等法院條例》第 6A 條規定了特委法官委任的刊憲形式。「（a）如屬首次委任某人為特委法官，需藉該有公印的《英皇制誥》作出；（b）如屬再次委任或繼後委任以前曾獲委任的人，須藉總督認為適合的其他經由總督簽署的文書作出。」據此，特委法官的首次委任，需「藉蓋有公印的《英皇制誥》作出」；特委法官的再次委任或繼後委任的「須藉總督認為適合的其他經由總督簽署的文書作出。」[1]

從條例的規定而言，條例僅僅對首次委任的公告形式做了明確的要求，但對於再次委任和繼後委任的公告形式沒有明確界定。同

1　本書對香港條例的引用，如無特別說明，均引自香港電子版香港法例網站，https://www.elegislation.gov.hk。

時，條例沒有對特委法官免職或者撤銷委任的公告形式予以明確的要求。實踐中，香港特區對於特委法官的委任，不論是首次委任、再次委任還是繼後委任，都採用相同的特區政府憲報形式刊憲。對於法例中沒有提及撤銷委任的形式，實踐中也採用與委任相同的特區政府憲報形式刊憲。[2] 而且，特委法官委任的刊憲，採用「一委任一憲報」的方式，即一份憲報只刊發一名特委法官的委任或者撤銷委任情況。因此，如果行政長官需要同時委任多名特委法官，則應發佈相應數量的憲報，不會在一份憲報中同時發佈多位特委法官的委任或撤銷委任情況。

（二）委任程序

香港回歸前，根據《最高法院條例》第 6A 條和《司法人員敍用委員會條例》的規定，特委法官須經由司法人員敍用委員會推薦後，由總督委任。回歸後，根據香港基本法第 91 條的規定「香港特別行政區法官以外的其他司法人員原有的任免制度繼續保持」，回歸前特委法官委任制度因此得以完整保留。回歸後香港高等法院原訟法庭特委法官的委任程序是根據司法人員推薦委員會的推薦，由行政長官委任。

整體上，特委法官的委任與同職位高等法院全職法官的委任程序是一致的，都是根據司法人員推薦委員會的推薦，由行政長官委任。但是，仍然存在細節上的不同。比如在委任程序上，原訟法庭全職法官在接受委任時，其宣誓是由行政長官監誓；但原訟法庭特委法

2　59 份憲報中沒有涉及對特委法官的免職情況，因此對於特委法官免職的公告形式是否也採用特區政府憲報的形式尚未實踐。但從經驗的認識角度，基於任免公告形式的一致性，特委法官的免職也應該採用特區政府憲報的形式予以公告。

官接受委任時，其宣誓是由原訟法庭法官監誓的。[3]

（三）撤銷委任或免職

撤銷委任與免職是兩種不同的程序。特委法官的免職是指特委法官出現了法定事由，根據法定程序被免除法官職位的程序。香港基本法對於法官的免職有著嚴格的要求。香港基本法第 89 條規定：「香港特別行政區法院的法官只有在無力履行職責或行為不檢的情況下，行政長官才可以根據終審法院首席法官任命的不少於三名當地法官組成的審議庭的建議，予以免職。」據此，法官免職的法定事由必須是法官「無力履行職責或行為不檢」；免職的程序是「由終審法院首席法官任命的不少於三名當地法官組成的審議庭」提出建議，行政長官據此予以免職。在實踐中，迄今為止，香港尚沒有一例特委法官被免職的情形。

與此不同，撤銷委任是指在特委法官的委任期內，出現了特定事由，因此撤銷先前對該特委法官委任的情形。香港基本法並沒有對法官的撤銷委任問題予以立法明確。因此，特委法官的撤銷委任存在幾個需要明確的問題：（1）撤銷委任的緣由，即基於何種事由，特委法官將被撤銷委任。（2）撤銷委任的程序。（3）撤銷委任的法律依據。從特委法官制度設立以來至 2017 年 6 月 30 日，香港先後有九名法官被撤銷，分別是李義法官（1999 年 7 月 18 日被撤銷委任）；馬道立法官（2001 年 12 月 3 日被撤銷委任）；倫明高法官（2003 年 9 月 15 日被撤銷委任）；鄧楨法官（2004 年 4 月 2 日被撤銷委任）；麥機智法官（2010 年 4 月被撤銷委任）；袁國強法官（2012 年 7 月 1 日被撤銷委任）；陳健強法官（2012 年 11 月 1 日被撤銷委任）；周家明

3　2017 年版《宣誓及聲明條例》附表 3「由行政長官監誓的誓言」包括原訟法庭法官〔根據《高等法院條例》（第 4 章）第 6A 條委任的原訟法庭特委法官或根據該條例第 10（1）條委任的原訟法庭暫委法官除外〕，「由原訟法庭法官監誓的誓言」包括原訟法庭特委法官、原訟法庭暫委法官。

法官（2014 年 7 月 31 日被撤銷委任）；黃國瑛法官（2017 年 3 月 15 日被撤銷委任）。因此，可以從這九份特委法官撤銷委任的憲報內容來解讀香港特委法官的撤銷委任問題。

香港特委法官的撤銷委任憲報均採用相同的形式與內容。以麥機智特委法官的撤銷委任憲報為例：

第 2054 號公告

撤銷高等法院原訟法庭特委法官的委任

現公佈行政長官曾蔭權，G.B.M. 業已行使《釋義及通則條例》（第 1 章）第 42 條所賦予的權力，撤銷麥機智先生，S.C. 較早前根據《高等法院條例》（第 4 章）第 6A 條為高等法院原訟法庭特委法官的委任，由 2010 年 4 月 12 日起生效。

觀察這份憲報中所公佈的信息，可以發現：

1. 憲報沒有說明撤銷委任的緣由。立法沒有規定出現何種緣由時，應該或者可以撤銷特委法官的委任，因此憲報中並沒有說明撤銷特委法官委任的理由。從現有的九名被撤銷委任的特委法官的情形看，主要是因為該名特委法官即將被委任為全職法官或者出任政府官員。上述九名法官中，袁國強法官被撤銷委任的緣由是其被委任為律政司司長，其餘八名特委法官被撤銷委員的緣由是其獲委任為原訟法庭全職法官。

2. 撤銷委任的法律依據是香港特區條例。香港基本法並沒有關於撤銷委任的相應規定，因此政府憲報中對於撤銷委任的法律依據沒有引用香港基本法，只引用香港條例《釋義及通則條例》第 42 條「有權委任包括有權暫停、解除、重新委任等」：「凡條例向任何人授予權力或委以職責，以便做出委任，或組織或設立審裁處、各類委員會或相類團體，則具有該權力或職責的人也同時具有權力：（a）將憑

該權力或職責所委託的人免除、暫停、解除或撤銷委任,重新委任或復任;(b)將憑該權力或職責所委任、組織或設立的審裁處、各類委員會或相類團體解散,或將其委任、組織或設立予以撤銷,並有權重新委任、重新組織或重新設立該等團體;及(c)指明憑該權力或職責所委任的人的任期。但若行使該權力或職責的人須在另一人的建議下,或須得到另一人的批准或同意,方可行使該權力或職責,則其同時具有的權力也須在該另一人的建議下或得到該另一人的批准或同意,方可行使。」根據《高等法院條例》第6A條的規定,行政長官有權委任特委法官。因此,結合上述條文,可知,行政長官委任特委法官的權力同時包括行政長官對特委法官予以免除委任、暫停委任、解除委任、撤銷委任、重新委任或復任的權力。故香港《釋義及通則條例》第42條成為行政長官行使撤銷特委法官委任權的法律依據。

3. 撤銷委任程序。從憲報看,行政長官有權撤銷特委法官委任。但是行政長官是根據哪個機構的建議對特委法官予以撤銷委任的,憲報中沒有披露。由於行政長官行使特委法官委任權時須根據司法人員推薦委員會的建議予以行使,因此,行政長官對特委法官行使免除委任權、暫停委任權、解除委任權或撤銷委任權、重新委任權或復任權時,也應該基於司法人員推薦委員會的建議。

應該說,香港法院特委法官的委任、撤銷委任和免職程序均藉由司法人員推薦委員會的介入,由行政長官行使委任、撤銷委任和免職的權力,從而實現了權力的相互牽制。就任命程序而言,特委法官的任命是受到法院之外的專業機構和行政權力的監督。

(四)香港特區行政長官與特委法官委任的實證研究

根據香港基本法和香港特區條例的規定,特委法官由特首根據司法人員推薦委員會的推薦予以委任。香港回歸到2017年6月30日,香港共歷任四任行政長官,行政長官與特委法官委任的整體情況

如下：

1. 四任行政長官委任特委法官的基本情況

從 1997 年 7 月 1 日到 2017 年 6 月 30 日，四任行政長官委任特委法官的情況如下：

（1）第一任和第二任行政長官董建華，任職期間為 1997 年 7 月 1 日到 2005 年 3 月 12 日。從 2000 年到 2005 年 3 月 12 日任職期間，共發佈特委法官委任憲報 19 次，委任特委法官 13 人，其中被首次委任的特委法官 6 名，被再次委任的特委法官 7 名，發佈撤銷委任憲報 3 次，撤銷特委法官委任共 3 名。

（2）第二任（補任）和第三任行政長官曾蔭權，2005 年 6 月 22 日到 2007 年 6 月 30 日間擔任第二任行政長官；從 2007 年到 2012 年 6 月 30 日擔任第三任行政長官。從 2005 年 6 月 22 日到 2012 年 6 月 30 日，曾蔭權共發佈委任憲報 29 次，委任特委法官 23 人，其中為首次被委任法官 10 名，被再次委任的法官 13 名，發佈撤銷委任憲報 2 次，撤銷特委法官委任 2 人。其中，曾蔭權任第二任行政長官期間，共發佈委任憲報 13 次，委任 13 名特委法官，其中新委任法官 8 名；曾蔭權特首任第三任行政長官期間，共發佈委任憲報 16 次，委任 10 名特委法官，其中新委任法官 2 名，發佈撤銷委任憲報 2 次，撤銷特委法官委任 2 名。

（3）第四任行政長官梁振英，從 2012 年 7 月 1 日開始擔任行政長官。從 2012 年 7 月到 2017 年 6 月 30 日，共發佈委任憲報 14 份，委任 10 名特委法官，其中新委任法官 9 名，被再次委任法官 1 名，發佈撤銷委任憲報 3 次，撤銷特委法官委任 3 人。

表 4-5：香港特區行政長官委任特委法官情況表

時間	行政長官委任特委法官情況	特委法官	首次被委任	再次被委任	撤銷委任
2000 -2005.3.12	董建華委任 19 次，共 13 人；撤銷委任 3 次，共 3 人	梁冰濂、郭慶偉、駱應淦、王正宇、馬道立、倫明高、廖長城、李志喜、陳景生、鄧楨、黃福鑫、余若海、霍兆剛	馬道立、倫明高、廖長城、李志喜、余若海、霍兆剛	梁冰濂、郭慶偉、駱應淦、王正宇、陳景生、鄧楨、黃福鑫	馬道立、倫明高、鄧楨
2005.6.22 -2007.6.30	曾蔭權（補任）委任 13 次，共 13 人	馮柏棟、麥高義、麥機智、何沛謙、翟紹唐、陳健強、袁國強、石永泰、梁冰濂、郭慶偉、駱應淦、余若海、霍兆剛	馮柏棟、麥高義、麥機智、何沛謙、翟紹唐、陳健強、袁國強、石永泰	梁冰濂、郭慶偉、駱應淦、余若海、霍兆剛	

時間	行政長官委任特委法官情況	特委法官	首次被委任	再次被委任	撤銷委任
2007.7.1- 2012.6.30	曾蔭權委任 16 次，共 10 人；撤銷委任 2 次，共 2 人	馮柏棟、麥機智、何沛謙、翟紹唐、陳健強、袁國強、石永泰、余若海、黃旭倫、周家明	黃旭倫、周家明	馮柏棟、麥機智、何沛謙、翟紹唐、陳健強、袁國強、石永泰、余若海	袁國強、麥機智
2012- 2017.6.30	梁振英委任 14 次，共 10 人；撤銷委任 2 次，共 2 人	周家明、鮑永年、黃國瑛、高浩文、何東鳴、鄭若驊、譚允芝、黃繼明、陳靜芬、韋浩德	鮑永年、黃國瑛、高浩文、何東鳴、鄭若驊、譚允芝、黃繼明、陳靜芬、韋浩德	周家明	陳健強、周家明、黃國瑛

2. 行政長官就任更替期間的委任情況

從 2000 年到 2017 年 6 月 30 日，經過兩次行政長官換屆。

（1）2005 年為董建華和曾蔭權的職位交替年度。這一年，沒有刊發任何特委法官的委任或撤銷委任的政府憲報。2005 年董建華辭職之前，原訟法庭有八位特委法官（梁冰濂、郭慶偉、駱應淦、王正宇、陳景生、黃福鑫、余若海、霍兆剛），所有特委法官在 2005 年任期均未屆滿。其中，梁冰濂法官、郭慶偉法官、駱應淦法官、王正宇法官均是在 2003 年獲得再次委任；余若海法官、霍兆剛法官是

在 2003 年獲得首次委任，委任期間到 2006 年 11 月 30 日；陳景生法官、黃福鑫法官是在 2004 年獲得再次委任，任期到 2007 年 11 月 30日。在董建華和曾蔭權職位交替期間，當時在任的所有特委法官的委任期限均沒有到期，因此沒有發生對原在職的特委法官的再次委任或者撤銷委任的需求。但同時這一年，也沒有委任新的特委法官。

2006 年，情況發生了較大的變化。原在 2005 年任職的八位特委法官中，有六位的任職即將屆滿（梁冰濂、郭慶偉、駱應淦、王正宇、余若海、霍兆剛委任期間到 2006 年 11 月 30 日）。六位特委法官中，除了王正宇法官外，其他五位特委法官均獲得了再次委任（任期到 2009 年 11 月 30 日），原有的陳景生法官、黃福鑫法官任期未滿繼續擔任特委法官。此外，這一年，新任行政長官曾蔭權先生發佈了八份委任憲報，首次委任了八名新的特委法官（馮柏棟、麥高義、麥機智、何沛謙、翟紹唐、陳健強、袁國強、石永泰），使得在職特委法官的數量達到 16 位。因此 2006 年這一年也是香港自 2000 年以來在位的特委法官最多的一年。隨後幾年逐步下降。2007 年減少為15 位（王正宇法官未獲得再次委任），2008 年減少為 13 位（黃福鑫法官和陳景生法官未獲得再次委任），到 2009 年，隨著董建華時期的委任特委法官梁冰濂、郭慶偉、駱應淦委任期屆滿且未再獲得委任後，2009 年後在職的特委法官基本更換為曾蔭權任職期間首次獲得委任的特委法官，人數總共為 9 人。可以說，在曾蔭權特首繼任後，經過三年多的時間，特委法官隊伍發生全新的人員更替。

（2）2012 年曾蔭權和梁振英的職位交替年度。雖然梁振英是在2012 年 7 月 1 日就任的，但是在 2012 年發佈的 6 份委任憲報和 2 份撤銷憲報中，梁振英特首只發佈了 1 份撤銷委任憲報，其餘均為曾蔭權特首所發佈。這一方面與當年在職的特委法官任職屆滿有關。馮柏棟、何沛謙、翟紹唐、陳健強、袁國強、石永泰法官的任職在 2011年 12 月 31 日屆滿，因此在 2012 年獲得了再次委任，任期從 2012

年 1 月 1 日到 2014 年 12 月 31 日。其中，袁國強法官因轉任律政司司長，於 2012 年 6 月 30 日終止特委法官職位。周家明法官任期到 2012 年 12 月 31 日才屆滿，當年未發生再次委任。另外，黃旭倫法官是在 2010 年 1 月 1 日委任的，任期到 2012 年 12 月 31 日；余若海法官是在 2009 年 12 月 1 日委任的，任期到 2012 年 11 月 30 日。此兩位任期屆滿時香港特區行政長官已經為梁振英，但均沒有獲得再次委任。黃旭倫法官到此只擔任了一屆特委法官。此外，梁振英特首撤銷了陳健強法官的委任。

2013 年情況也有了較大的變化。原曾蔭權期間委任的法官，除馮柏棟、何沛謙、翟紹唐、石永泰法官因任期要到 2014 年 12 月 31 日屆滿繼續保留為特委法官外，周家明法官得到再次委任（任期 2013 年 1 月 1 日到 2015 年 12 月 31 日）。此外，由於余若海、黃旭倫法官屆滿後未獲得再次委任，陳健強、袁國強、周家明法官被撤銷委任，因此空出四個特委法官職位。對此，梁振英新委任了四名特委法官，均為首次委任，分別為鮑永年、黃國瑛、高浩文、何東鳴法官，任期從 2013 年 3 月 1 日到 2016 年 2 月 29 日。因此，這一年雖然發生了新的特委法官的委任，但是總體的特委法官的數量仍然是九名，沒有發生大的變化。

2015 年特委法官隊伍發生較大的變化。根據香港司法機構公佈的名單，2014 年 4 月，高等法院原訟法庭特委法官共有九名：馮柏棟、何沛謙、翟紹唐、石永泰、周家明、鮑永年、黃國瑛、高浩文、何東鳴。上述九名特委法官中，從任期看，至 2014 年 12 月 31 日，有四名特委法官的任期將屆滿（馮柏棟、何沛謙、翟紹唐、石永泰）；到 2015 年 12 月 31 日，有一名特委法官的任期將屆滿（周家明）；到 2016 年 2 月 29 日，有四名特委法官的任期將屆滿（鮑永年、黃國瑛、高浩文、何東鳴）。其中，馮柏棟、何沛謙、翟紹唐、石永泰等四位特委法官均已連任三任特委法官，均是在曾蔭權

特首期間獲得首次委任和再次委任（2006.1.1-2008.12.31、2009.1.1-2011.12.31、2012.1.1-2014.12.31）。從任期看，此四名法官雖可能還可以獲得一任任期，但從委任者而言，由於面臨的是新的委任者梁振英，能否獲得再次委任仍有疑問。另外四名特委法官鮑永年、黃國瑛、高浩文、何東鳴均為2013年在梁振英期間獲得首次委任的特委法官，其屆滿後，如無意外，均可能獲得再次委任。因此，2015年，在法官數量保持不變的情況下，出現了新的特委法官的委任。從2015年公佈香港法院法官名單看，馮柏棟、何沛謙、翟紹唐、石永泰此四名特委法官任期屆滿後，並沒有獲得再次委任，梁振英新委任了四名特委法官。另外四名特委法官鮑永年、黃國瑛、高浩文、何東鳴均獲得再次委任。

二、香港特區暫委法官的委任程序

（一）委任程序

由香港最高法院首席大法官委任香港暫委法官，是回歸前香港司法制度的一個構成部分。根據當時香港《最高法院條例》第10條「暫委大法官的委任」[4]和《地方法院條例》第7條「地方法院暫委法

---

4 《最高法院條例》第10條「暫委大法官的委任」，經過1982年、1983年和1994年三次修訂後，形成了較為完整的原訟法庭暫委大法官制度。「（1）如有以下情況，首席大法官可委任一名根據第9條有資格獲委任為最高法院大法官的人為高等法院暫委大法官——（a）任何高等法院大法官的職位因任何理由而懸空；或（b）首席大法官認為為了執行司法工作的利益，有需要暫時委任一名暫委大法官。（1A）除第（1B）款另有規定外，任何根據第（1）款作出的委任，可在藉以作出該委任的文書的日期前某一日開始生效。（1B）第（1A）款不得當作授權任何獲如此委任的人，在該文書的日期前或在《宣誓及聲明條例》第17條的規定獲遵從之前，履行任何司法職能。（2）除委任條款另有規定外，暫委大法官具有並可行使高等法院大法官的所有司法管轄權、權力及特權，亦具有並須履行高等法院大法官的所有職責，而在任何法律中凡提述此等大法官之處，須據此而解釋。（3）在不損害第（1）款所賦予首席大法官的權力的原則下，首席大法官可——（a）只為了某宗指明的案件或某種指明類別的案件根據該款委任一名暫委大法官；或（b）根據該款委任一名暫委大法官，任期只為某段指明的期間。（4）儘管第（2）款已有規定，首席大法官仍可在任何時間終止一名暫委大法官的委任。」

官的委任」[5]的規定，香港最高法院首席大法官享有直接委任最高法院暫委大法官和地方法院暫委法官的權力，具體內容包括行使委任權、判斷是否出現委任緣由或者在出現委任緣由時決定是否委任暫委法官、判斷獲選人是否具備獲委任資格、決定委任期限及其終止、限制暫委法官的權限或受理的案件類型。

香港回歸後，根據香港基本法第 81 條的規定「原在香港實行的司法體制，除因設立香港特別行政區終審法院而發生變化外，予以保留」，暫委法官制度在香港回歸後也得以繼續保留下來，並根據司法體制的變化更名為高等法院原訟法庭暫委法官和區域法院暫委法官。終審法院首席法官委任暫委法官的權力也得以繼續保留行使。

根據香港《高等法院條例》第 10 條「暫委法官的委任」，香港高等法院原訟法庭暫委法官的委任程序如下：「(1) 如有以下情況，終審法院首席法官可委任一名根據第 9 條有資格獲委任為高等法院法官的人為原訟法庭暫委法官：(a) 任何原訟法庭法官的職位因任何理由而懸空、或 (b) 終審法院首席法官認為為了執行司法工作的利益，有需要暫時委任一名暫委法官。」根據《區域法院條例》第 7（1）條規定，香港區域法院暫委法官的委任程序如下：「如有出現以下情況，終審法院首席法官可委任：（a）任何區域法院法官的職位因任何原因而懸空（出現司法職位空缺）、（b）終審法院首席法官認為為執行司法工作起見而暫時需要委任區域法院暫委法官。」從上述條例規定看，香港特區暫委法官，無論是高等法院原訟法庭暫委法官還是區

5　香港《地方法院條例》第 7 條「地方法院暫委法官」，經過 1962 年、1974 年和 1981 年三次修訂後，形成了回歸前香港區域法院暫委法官制度。「（1）如地方法院法官的職位因該地方法院法官死亡或其他原因而懸空，首席大法官可委任適當的人為地方法院暫委法官以填補該職位，直至該職位按照第 4 條的條文已獲填補為止，或任期按首席大法官認為適合的其他期間而定。（2）如地方法院法官因暫時患病或缺席以致不能執行其職責，首席大法官可委任適當的人為地方法院暫委法官以填補該職位，直至原來的法官恢復執行其職責為止，或任期按首席大法官認為適合的其他期間而定。（3）如首席大法官認為委任適當的人出任地方法院暫委法官是適宜的，即可作此委任，任期按首席大法官認為適合的期間而定。（4）按照本條的條文所作出的每項委任可由首席大法官在任何時間終止。」

域法院暫委法官，均保留了回歸前的委任程序，由香港終審法院首席法官獨立進行委任。

回歸後，香港終審法院首席法官也已經多次行使了其對暫委法官的委任權。從 2000 年 1 月 1 日到 2017 年 6 月 30 日，香港終審法院首席法官行使《高等法院條例》第 10 條所賦予的權力，委任、撤銷委任、終止委任原訟法庭暫委法官共達 1068 次，其中發佈委任憲報 1033 份，共委任原訟法庭暫委法官 123 人；發佈撤銷委任憲報 3 份，撤銷 3 名暫委法官的委任；發佈終止委任憲報 32 份，終止 32 名暫委法官的任職。從 2000 年 5 月到 2017 年 6 月 30 日，香港終審法院首席法官行使《區域法院條例》第 7（3）條所賦予的權力，共發佈區域法院暫委法官委任、撤銷委任和終止委任憲報 1314 份，其中委任憲報 1282 份，共 206 人；撤銷委任憲報 7 份，涉及 7 名暫委法官；終止委任憲報 25 份，共 25 人。

（二）香港終審法院首席法官的委任權限

1. 香港終審法院首席法官委任暫委法官的權限範圍

在暫委法官的委任程序中，香港終審法院首席法官的權限包括：

（1）行使委任權。香港終審法院首席法官委任符合條件的人為原訟法庭暫委法官或區域法院暫委法官。

（2）判斷委任緣由是否出現或者在出現委任緣由時決定是否委任暫委法官。例如終審法院首席法官認為為了執行司法工作的利益，有需要暫時委任一名暫委法官（原訟法庭暫委法官或區域法院暫委法官）[6]，終審法院首席法官有權判斷是否存在「為了執行司法工作的利益」。但是，即使出現了法定的委任緣由，首席法官對於是否要委任暫委法官仍然享有其自由權限。

6　《高等法院條例》第 10（1）（b）條，《區域法院條例》第 7（1）條。

（3）限制暫委法官的權限或受理案件類型。作為一項法定原則，暫委法官應與同職位全職法官同權同責，但法律也允許有所例外。例外的情形之一是委任條款的規定。香港終審法院首席法官可以在委任條款中另行規定原訟法官暫委法官的司法管轄權、權力及特權，以及職責；[7] 或者僅僅是為了某宗指明的案件或某種指明類別的案件根據該款委任一名原訟法庭暫委法官或區域法院暫委法官。[8]

（4）指明暫委法官的任期乃至隨時終止其委任。香港終審法院首席法官可以指明暫委法官的任期，並可以在任何時間隨時終止一名暫委法官的委任。[9] 可以說，香港終審法院首席法官對於暫委法官的委任有著全面的控制權。

2. 回歸前後，香港終審法院首席法官委任暫委法官的權力演變

即使是對回歸前制度的保留，回歸後香港終審法院首席法官委任暫委法官的權力仍然有著變化與發展，主要體現在對區域法院暫委法官的委任上。

（1）增加了首席法官對委任區域法院暫委法官緣由判斷的彈性。回歸前，當時的《地方法院條例》第 7 條對於地方法院暫委法官委任緣由規定了三種情況：地方法院法官的職位因該地方法院法官死亡或其他原因而懸空，地方法院法官因暫時患病或缺席以致不能執行其職責，首席大法官認為委任適當的人出任地方法院暫委法官是適宜的。回歸後，區域法院暫委法官的委任緣由調整為兩種情況：任何區域法院法官的職位因任何原因而懸空；或為執行司法工作起見而暫時需要委任區域法院暫委法官。

立法變化主要體現在兩個地方。一是對委任暫委法官客觀緣由的判斷沒有列舉出具體的情形。原有立法要求只能是因為地方法院法

7　《高等法院條例》第 10（2）條「除委任條款另有規定外」。

8　《高等法院條例》10（3）（a）條，《區域法院條例》第 7（3）條。

9　《高等法院條例》第 10（3）（b）、10（4）條，《區域法院條例》第 7（3）（4）條。

官死亡或其他原因導致出現職位懸空或者地方法院法官因暫時患病或缺席以致不能執行其職責時才可以委任暫委法官，但回歸後立法僅要求出現「職位懸空」時即可委任暫委法官，刪去了對「職位懸空」的具體原因要求。回歸前對於委任緣由客觀原因的判斷，雖然也規定了彈性條款「其他原因」，但同時也列舉了具體情形，比如死亡，或暫時患病或缺席以致不能執行其職責的，這些具體情形的說明同時也限制了對其他原因的理解，使得首席大法官在委任暫委法官時，也應該要求出現了類似死亡，或生病或其他導致不能執行職責或職位懸空的情況。回歸後，立法修改為對這些情況統一歸為「因任何原因而懸空」，但沒有對任何原因做任何具體性的舉例或說明。二是對於委任暫委法官主觀緣由的判斷。原有立法規定在首席大法官認為委任適當的人出任地方法院暫委法官是適宜時，即可進行委任，雖然對於何為「適當」和「適宜」沒有明確，但要求獲委任的人以及進行委任都必須符合適當適宜原則。修正後的立法刪去了適宜與否的判斷要求，將可以委任的基本原則修改為「為執行司法工作起見」。

（2）增加了對任期的彈性委任。回歸前雖然也規定暫委法官的任期按首席大法官認為適合的期間而定，但在此基礎上，原有立法也對每一種不同委任情況的任期加了限制。比如對於因地方法院法官死亡或其他原因導致地方法院法官職位懸空而需要委任地方法院暫委法官的，任期是「直至該職位按照第 4 條的條文已獲填補為止，或任期按首席大法官認為適合的其他期間而定。」比如對於地方法院法官因暫委法官患病或缺席以致不能執行其職責而委任暫委法官填補該空缺的，該暫委法官的任期是「直至原來的法官恢復執行其職責為主，或任期按首席大法官認為適合的其他期間而定。」回歸後對於這些特殊情況任期的限制性規定均予以刪除，立法不再區分暫委法官委任的緣由，統一授予終審法院首席法官對暫委法官任期的完全裁量權，只要求是「任期只屬一段指明期間」，並同時保留了首席法官對暫委法官

委任的隨時終止權。

（3）增加了對暫委法官權力與職責的規定。修正後的立法增加了暫委法官與區域法院全職法官同權同責的規定，即區域法院暫委法官具有並可行使法官的所有司法管轄權、權力及特權，以及具有並須執行法官的所有職責，明確了區域法院暫委法官與區域法院全職法官之間的關係。

（4）增加了區域法院暫委法官權限或受理案件類型的限制權。回歸前首席大法官僅能對暫委大法官的權限和受理案件類型予以限制。回歸後，終審法院首席法官對暫委法官權限限制的對象擴大到區域法院暫委法官，終審法院首席法官可僅為某指明的案件或指明類別的案件，或只為某一段指明期間而委任區域法院暫委法官。

雖然香港終審法院首席法官對於暫委法官的委任權是源自對回歸前司法制度的保留，但總體上，回歸後，香港終審法院首席法官委任暫委法官的權力更具有彈性和全面性。

（三）香港特區暫委法官委任制度的觀察

從目前暫委法官的委任情況看，香港終審法院首席法官可以單獨直接委任暫委法官，香港法院暫委法官委任制度具有較大的彈性空間。

1. 選任緣由的彈性化。暫委法官的委任緣由為，只要首席法官出於執行司法工作起見而暫時需要委任高等法院或區域法院暫委法官時，即可立即進行暫委法官的委任。相比而言，需要經過司法人員推薦委員會推薦的全職法官、司法人員或同樣作為兼職法官的特委法官的委任緣由卻必須是出現客觀的「司法職位空缺」而需要填補時，才能啟動遴選程序。[10] 就此而言，暫委法官委任緣由取決於首席法官的

10　《司法人員推薦委員會條例》第 6 條。

判斷，不存在著員額的剛性限制。

2. 選任程序的相對保密。由於暫委法官是直接由香港終審法院首席法官委任的，對於什麼時候需要委任暫委法官，委任誰擔任暫委法官均由香港終審法院首席法官決定。實踐中，除了在確定委任之後通過政府憲報發佈委任公告外，對於暫委法官委任的整個程序進展均沒有向社會公開，即使到今天，香港終審法院也沒有公開本年度在職的暫委法官名單。相比而言，從 2009 年開始，香港終審法院已經開始在其網頁或年度司法報告中公佈了同樣作為非全職法官的特委法官的名單和任期。

3. 暫委法官制度的粗線條化。除了《高等法院條例》和《區域法院條例》對於暫委法官的委任進行了原則性規定外，暫委法官的委任制度幾乎再無明文的規定，一切均依司法慣例來進行。

縱觀從 2000 年以來的暫委法官委任情況，可以發現，還有一些細節也是非常靈活的。比如暫委法官的任期。根據條例規定，香港終審法院首席法官決定暫委法官的任期。可以發現，自 2000 年 1 月到 2017 年 6 月 30 日所委任的 123 名原訟法庭暫委法官中，任期最短的時間是一天。以下暫委法官的委任任期僅有一天，為暫委法官委任中的最短任期：麥高義 2002.4.15、韋理義 2002.6.1、杜麗冰 2005.8.4、黃國瑛 2008.3.18、馬永新 2008.6.12、蔡源福 2008.12.15、辛達誠 2013.8.28、辛達誠 2013.8.30、朱佩瑩 2015.4.24、陸啟康 2015.4.24、邱智立 2015.4.24、黃崇厚 2015.4.24、萬崇理 2015.9.21、林定國 2015.9.29、游德康 2015.11.5、游德康 2015.11.26、葉巧琦 2015.12.3、游德康 2015.12.4、司徒冕 2015.12.1、麥明康 2015.12.1、司徒冕 2015.12.2、陳廣池 2016.2.15、賴磐德 2016.3.19、陳廣池 2016.4.20、杜大衛 2016.5.4、陳廣池 2016.5.12、金貝理 2016.5.25、郭啟安 2016.7.25、郭啟安 2016.8.18、游德康 2016.9.19、郭啟安 2016.9.29、范堯輝 2016.10.19、郭啟安 2016.11.2、郭啟

安 2016.11.7、葉靜思 2016.11.18、郭慶偉 2016.12.2、陳仲衡 2017.1.16、林定國 2017.1.24、陳仲衡 2017.2.17、孔思和 2017.3.3、高樂賢 2017.3.8、陳仲衡 2017.3.31、葉靜思 2017.4.5、彭中屏 2017.5.15、高樂賢 2017.6.15、葉靜思 2017.6.28。最長的委任期間為三年，但僅有一位法官獲得過三年的委任：辛達誠法官，任期為 2006.11.1 至 2009.10.31。大多數高等法院暫委法官的任期是以一個月為一個委任周期的，極少暫委法官任期少於一個月或多於一個月。

又如暫委法官的任期屆數。從 2000 年到 2017 年 6 月 30 日期間，123 名高等法院原訟法庭暫委法官中，有 26 名暫委法官僅被委任 1 次，97 名暫委法官被委任 2 次乃至多次，被委任次數在 30 次以上的有 9 名。206 名區域法院暫委法官中，委任次數從 1 次到 53 次不等，有 67 名僅被委任 1 次，有 138 名被多次委任，有 1 名被委任次數達到 53 次。

4. 暫委法官的來源差異。從暫委法官的委任資格看，暫委法官根據其來源的不同，可以分為兩類，一類是內部暫委法官，即從下級法院的法官或其他司法人員選任到上級法院擔任暫委法官。例如，高等法院暫委法官候選人資格包括法定條件的香港區域法院法官，或終審法院司法常務官，或高等法院司法常務官、高級副司法常務官、副司法常務官或助理司法常務官，或區域法院司法常務官、副司法常務官或助理常務官，常任裁判官，死因裁判官，小額錢債審裁處審裁官，勞資審裁處審裁官等。區域法院暫委法官的候選人資格包括具備法定條件的高等法院司法常務官、高級副司法常務官、副司法常務官或助理司法常務官，區域法院司法常務官、副司法常務官或助理司法常務官，常任裁判官，死因裁判官，小額錢債審裁處審裁官，勞資審裁處審裁官。另一類是外部暫委法官，即從法院之外的其他從事法律行業的人員中選任暫委法官。例如，高等法院暫委法官的候選人可以是具備法定條件的大律師或訟辯人或律師，律政人員，法律援助署

長，助理破產管理署署長、助理首席律師、高級律師或律師，知識產權署署長、副署長、助理署長、助理首席律師、高級律師或律師，其他法律工作從業者等。區域法院暫委法官的候選人可以是具備法定條件的律師、律師或訟辯人，律政人員，法律援助署署長（法律）、助理首席律師、高級律師或律師，知識產權署署長、副署長、助理署長、助理首席律師、高級律師或律師等。

比較上述兩類暫委法官，可以發現，這兩類暫委法官的來源有著極大的差異。內部暫委法官是從司法機構內部法官或其他司法人員中委任暫委法官，這些被委任為暫委法官的候選人，之前已經經由司法人員推薦委員會推薦並由行政長官任命而出任了全職司法職位。委任其為暫委法官，實際上屬於上級法院臨時抽調下級法院的法官或其他司法人員出任上級法院的法官。在暫委法官職位之外，其仍然從事的是全職的法官或司法人員工作。外部暫委法官則不同，主要是從司法機構之外遴選符合條件的法律工作人員出任暫委法官。這些獲委任者，在獲委任之前沒有經過司法人員推薦委員會的推薦和行政長官的任命程序，在直接通過香港終審法院首席法官委任為暫委法官之後，其全職的工作仍然是司法機構之外的其他法律行業。就此而言，外部暫委法官才是真正意義上的「兼職」的暫委法官。

綜上，由於缺乏更為具體和細緻的委任制度，香港特區暫委法官的委任制度非常靈活。這些相對不透明、沒有制約，但又非常有彈性和靈活度的委任制度，使得暫委法官成為香港司法機構中比較神秘的部分，也可能使得暫委法官的委任游離於社會的關注以及制度的制約之約。

小結

　　在香港，不同類型的非全職法官委任制度並不完全相同。作為香港非全職法官中的重要類型，香港法院特委法官和暫委法官的委任，在委任資格、委任緣由、任期與連任、委任程序上均存在著差異。同時，由於香港本地條例對於非全職法官委任程序的規定相對簡單，委任細節缺乏具體細緻的操作規則，因此香港非全職法官委任的實踐運作情況比較靈活和富有彈性。

第五章

香港特區非全職法官的權力與職責

香港特區非全職法官的權力與職責

◇◇◇

　　根據香港基本法的規定，香港各級法院（包括終審法院、高等法院、區域法院、裁判署法庭和其他專門法庭）作為香港特區的司法機關，行使全國人民代表大會授予香港特區的司法權和終審權。香港基本法將司法人員區分為法官和其他司法人員，兩者除了任命制度不同外，其選任均根據本人的司法和專業才能選用，並可從其他普通法適用地區聘用，均享受獨立的薪酬待遇制度，履行司法審判行為均享有不受法律追究的豁免權。但香港基本法沒有具體明確包括特委法官和暫委法官在內的非全職法官類型。

　　有關非全職法官的權責規範出現在香港特區立法中。香港《高等法院條例》第 6A 條規定，「特委法官具有並可行使原訟法庭法官的所有司法管轄權、權力及特權，也具有並須執行原訟法庭法官的所有職責，而任何法律中凡提述此等法官之處，須據此而解釋。」香港《高等法院條例》第 10（2）條規定，「除委任條款另有規定外，暫委法官具有並可行使原訟法庭法官的所有司法管轄權、權力及特權，亦具有並須履行原訟法庭法官的所有職責，而在任何法律中凡提述此等法官之處，須據此而解釋。」香港《區域法院條例》第 7(2) 條規定：「區域法院暫委法官具有並可行使區域法院法官的所有司法管轄權、權力及特權，以及具有並須執行區域法院法官的所有職責。任何法律中對區域法院暫委法官的提述須據此解釋。」此外，在香港的其他立法中，另有部分法例也會特別指出特委法官或暫委法官享有與同職位

全職法官同等的權力。上述立法明確了香港非全職法官與同職位全職法官之間的關係，即特委法官、暫委法官具有並可行使同職位全職法官所有的司法管轄權、權力及特權，以及具有並須執行同職位全職法官的所有職責，簡言之，非全職法官與同職位全職法官同權同責，但允許存在法定例外情形。

一、法定同權同責

根據香港條例規定，在以下方面，香港法院特委法官和暫委法官享有與同職位全職法官同等的權力與職責。

1. 司法管轄權

香港高等法院原訟法庭特委法官、暫委法官與原訟法庭全職法官以及高等法院首席法官都是原訟法庭的組成人員。[1] 香港區域法院暫委法官與區域法院全職法官都是區域法院的組成人員。特委法官和暫委法官有權行使對以下案件的管轄權：

（1）根據《家庭及同居關係暴力規則》提起的訴訟。原訟法庭特委法官、原訟法庭暫委法官與原訟法庭全職法官均有權聆訊根據《家庭及同居關係暴力規則》提起的在原訟法庭開展的訴訟。區域法院暫委法官與區域法院全職法官均有權聆訊根據《家庭及同居關係暴力規則》提起的在區域法院開展的訴訟。[2]

（2）根據《證券及期貨條例》提起的訴訟。原訟法庭暫委法官，前任暫委法官與原訟法庭全職法官、前任法官均有權聆訊根據《證券及期貨條例》提起的訴訟。[3]

（3）根據《刑事案件訟費條例》提起的訴訟。原訟法庭特委法

1　《高等法院條例》第 4 條。

2　《家庭及同居關係暴力規則》（第 189A 章）第 2 條「釋義」。

3　《證券及期貨條例》（第 571 章）第 215 條。

官、暫委法官與原訟法庭全職法官有權聆訊根據《刑事案件訟費條例》提起的訴訟。[4] 區域法院暫委法官與區域法院全職法官均有權聆訊此類案件。

（4）聆訊刑事案件。根據《刑事訴訟程序條例》第 9c 條表明，條例中所指的法官包括上訴法庭法官、原訟法庭法官及原訟法庭暫委法官。因此，原訟法庭暫委法官和原訟法庭全職法官均可擔任刑事訴訟程序委員會委員，審訊特定刑事案件。

（5）聆訊根據《複雜商業罪行條例》提起的訴訟。該條例第 2 條表明，條例中所指的法官指法院的法官或暫委法官。

（6）覆核根據《打擊洗錢及恐怖分子資金籌集（金融機構條例）》提出的有關申請。原訟法庭暫委法官和原訟法庭法官有權對此類申請予以覆核。

（7）命令修習駕駛改進課程。原訟法庭法官和特委法官、暫委法官、區域法院暫委法官和區域法院法官有權根據《道路交通條例》的規定命令有關人員修習駕駛改進課程。[5]

2. 出任相關委員會成員

（1）出任城市規劃上訴委員團成員。原訟法庭特委法官、暫委法官與原訟法庭法官均可受行政長官的委託，出任城市規劃上訴委員團成員，以聆訊根據《城市規劃條例》第 17B 條 [6] 提出的上訴。[7]

（2）擔任結算及交收系統上訴審裁處主席。原訟法庭暫委法官或前任暫委法官同原訟法庭全職法官均可由行政長官按照終審法院首席法官的建議，獲委任為根據《結算及交收系統條例》設立的結算及交收系統上訴審裁處主席。[8]

4　《刑事案件訟費條例》（第 492 章）第 2 條。
5　《道路交通條例》（第 374 章）第 72A 條。
6　《城市規劃條例》（第 131 章）第 17B 條。
7　《城市規劃條例》（第 131 章）第 17A 條。
8　《結算及交收系統條例》（第 584 章）第 34 條。

（3）擔任存款保障上訴審裁處主席。原訟法庭暫委法官或前任暫委法官與原訟法庭全職法官均可受由行政長官按照終審法院首席法官的建議，獲委任存款保障上訴審裁處主席。

（4）擔任強制性公積金計劃上訴委員會主席。原訟法庭前任暫委法官與原訟法庭的前任法官均可受行政長官委託擔任根據《強制公積金計劃條例》設立的強制公積金計劃上訴委員會主席。[9]

（5）出任土地審裁處成員。區域法院暫委法官和區域法院全職法官有權出任土地審裁處法官。[10]

（6）出任市區重建局上訴委員團成員。原訟法庭特委法官、暫委法官與原訟法庭法官均可受行政長官的委託出任市區重建局上訴委員團成員，負責聆訊根據《市區重建局條例》第28條[11]提出的上訴。[12]

3. 與審判權相關的其他權力

（1）豁免出任陪審員。原訟法庭暫委法官與全職法官一樣，豁免出任陪審員。[13]區域法院法官與區域法院暫委法官均有權豁免出任陪審員。

（2）免費查詢相關記錄及登記冊。區域法院暫委法官或法官有權根據《裁判官條例》第35A條的規定對相關記錄及登記冊進行免費查詢，有權根據《刑事訴訟程序條例》第79條的規定免費查閱相關的法律程序的記錄。

（3）迴避制度。特委法官、暫委法官和全職法官適用同樣的迴避制度。「法官應在什麼情況下取消自己在某一案件的聆訊資格的普通法原則同樣適用於全職法官和非全職法官。」[14]根據普通法，以下

9　《強制性公積金計劃條例》（第485章）第35條。

10　《土地審裁處》（第17章）第4條。

11　《市區重建局條例》（第563章）第28條。

12　《市區重建局條例》（第563章）第27條。

13　《陪審員條例》（第3章）第5條「豁免出任陪審員」。

14　香港終審法院《關於非全職法官及參與政治活動的指引》第3（b）條。

三種情況需要取消法官聆訊的資格：第一，法官實際上存在偏頗（實際偏頗）；第二，在某些情況下，法官被推定為存在偏頗，因而必須自動取消聆訊的資格（推定偏頗）；第三，某些情況令人覺得法官表面上存在偏頗（表面偏頗）。[15]

（4）退休權。原訟法庭特委法官和暫委法官與原訟法庭全職法官一樣，享有在正常退休年齡退休的權利。[16]

二、推定同權同責

1. 推定同權同責的含義

除了上述條例明確規定特委法官、暫委法官與全職法官同權同責外，為防止遺漏，香港《高等法院條例》和《區域法院條例》均留下靈活的兜底條款：任何法律中凡提述此等法官（特委法官、高等法院原訟法庭暫委法官、區域法院暫委法官）之處，須據此而解釋。因此，同權同責不僅是賦予特委法官和暫委法官在《高等法院條例》和《區域法院條例》調整範圍內與同職位全職法官具有同權同責，而且，藉由此兜底條款，也將同權同責推定適用於所有香港本地立法中。具體而言，凡是香港法律授予原訟法庭全職法官的管轄權、權力及特權，以及要求原訟法庭全職法官履行的職責，如無特別說明不適用於原訟法庭特委法官和暫委法官時，原訟法庭特委法官和暫委法官均可享有；凡是所有香港法律授予區域法院全職法官的管轄權、權力及特權，以及要求區域法院全職法官履行的職責，如無特別說明不適用於暫委法官時，區域法院暫委法官也都均可享有。

推定同權同責對於明確特委法官和暫委法官的權限範圍界定非常重要。因為在大部分涉及到香港高等法院原訟法庭全職法官和區域

15　香港終審法院《法官行為指引》第 39 條。
16　《退休金利益（司法人員）條例》第 6 條。

法院全職法官職權的立法中，並沒有特別地指出同職位的特委法官或者暫委法官是否也應該享有相同的權限。比如《競爭條例》第 135 條「審裁處的組成」規定，「審裁處由按照《高等法院條例》第 6 條委任的原訟法庭法官組成，他們憑藉獲委任為原訟法庭法官而成為審裁處成員」，該條文僅僅規定原訟法庭法官可以獲委任為根據《競爭條例》設立的審裁處成員，但沒有明確指出特委法官或者暫委法官是否也有資格擔任審裁處成員。《城市規劃條例》第 17A 條規定區域法院法官可以受行政長官委託出任上訴委員團成員，但該法條沒有指出區域法院暫委法官是否也有資格獲委任為上訴委員團成員。《截取通訊及監察條例》第 39 條規定可以獲委任為截取通訊及監察事務專員職位的人包括原訟法庭法官，但條例沒有明確指出原訟法庭法官是否也包括特委法官和暫委法官。另一方面，有些條例會特別指出原訟法庭暫委法官與原訟法庭全職法官的權力，但卻沒有明確特委法官是否也享有同樣的權限。比如《陪審員條例》第 5 條明確指出原訟法庭暫委法官、區域法院暫委法官與全職法官均有權豁免出任陪審員，但卻沒有規定特委法官是否也有權豁免出任陪審員，容易造成實踐運用中的困惑或者錯誤理解。《高等法院條例》和《區域法院條例》確定的推定同權同責原則對上述問題的處理提供了準則。據此，不論立法中是否有明確地指出特委法官和暫委法官，只要立法對特委法官和暫委法官沒有做例外規定，則特委法官和暫委法官應與同職位的全職法官同權同責。

2. 推定同權同責下，香港原訟法庭特委法官與暫委法官的權責

　　根據香港條例的規定，原訟法庭全職法官還享有以下權力，根據推定同權同責原則，應推定特委法官和暫委法官也享有同等權力：（1）根據申請發佈新聞材料交出令或檢取新聞材料的手令。[17]（2）以

17　《釋義及通則條例》第 84 條、第 85 條。

上訴法庭法官身份進行聆訊的權力、單獨開庭聆訊的權力、在內庭進行聆訊的權力。[18]（3）組成合議庭，在休庭期內進行聆訊、仲裁程序，做出對合夥人在合夥財產中的權益增加押記的命令。[19]（4）受理對根據《調查委員會條例》成立的委員會作出的處理藐視罪決定提起的上訴。[20]（5）可獲委任為公務員敘用委員會委員，並對公務員敘用委員會委員及主席宣誓進行監誓。[21]（6）受理對根據《稅務條例》成立的委員會作出的決定不服提起的上訴。[22]（7）受理對於根據《建築物條例》成立的委員會做出的決定不服的上訴、對註冊事務委員會作出的決定不服提出的上訴、對承建商的紀律處分不服提起的上訴、對建築事務監督決定不服提起的上訴。[23]（8）擔任刑事訴訟程序委員會委員。[24]（9）許可被控人撤回認罪。[25]（10）退休的原訟法庭法官有權擔任單位公眾集會及遊行上訴委員會的主席。[26]（11）有權做出感化令或有條件釋放令。[27]（12）行使區域法院法官的衡平法司法管轄權，命令司法程序移交，就藐視法官行為做出命令。[28]（13）發出更改扣留令或退房。[29]（14）獲委任為終審法院首席法官、常任法官、非常任法官。[30]（15）現任或前任原訟法庭法官可擔任根據《長期監禁刑罰覆核條例》成立的委員會委員，原訟法庭法官可擔任覆核委員會主席或副

18　《高等法院條例》（第4章）第5條、第32條、第33條。

19　《高等法院規則》第1條、第64條、第73條、第81條。

20　《調查委員會條例》第9條。

21　《公務員敘用委員會條例》第4條、第8條。

22　《稅務條例》第69條。

23　《建築物條例》第7條、第9A條、第13條、第13A條。

24　《刑事訴訟程序條例》第9條。

25　《裁判官條例》第81B條。

26　《公安條例》第43條。

27　《罪犯感化條例》第6條。

28　《區域法院條例》第37條、第41條、第48B條。

29　《商品說明條例》第30e條。

30　《香港終審法院條例》第6條、第7條、第12條。

主席。[31]（16）作出更改或推翻扣留令。[32]（17）擔任《截取通訊及監察條例》小組法官，現任及前任原訟法庭法官可擔任截取通訊及監察事務專員。[33]（18）擔任審裁處成員。[34]（19）受理公司不公平損害呈請。[35]

3. 推定同權同責下，香港區域法院暫委法官的權責

根據香港條例的規定，區域法院全職法官還享有以下權力，根據推定同權同責原則，應推定區域法院暫委法官也享有同等權力：（1）根據申請發佈新聞材料交出令或檢取新聞材料的手令。[36]（2）獲委任為高等法院法官、高院司法常務官、高級副司法常務官、副司法常務官、助理司法常務官。[37]（3）作出將囚犯帶上法庭以提供證據的手令或命令。[38]（4）干擾證人及偽證定罪。[39]（5）裁定公司罪行取消資格令。[40]（6）發出拘捕潛逃僱主的手令，啟動拘捕潛逃僱主的程序。[41]（7）擔任審裁處成員。[42]（8）擔任根據《博彩稅條例》成立的上訴委員會主席。[43]（9）發出阻止離境指示。[44]（10）出任上訴委員會成員。[45]（11）發出羈留病人已做觀察的命令、延遲將接受觀察病人的羈留期、羈留實證病人，命令出售流浪的精神上無行為能力的人的動產、發出收容令、可行使裁判官的權力。[46]（12）接受雙方預

31　《長期監禁刑罰覆核條例》第 6 條、附表 1。

32　《版權條例》第 139 條、第 226 條。

33　《截取通訊及監察條例》第 6 條、第 39 條。

34　《競爭條例》第 135 條。

35　《公司（不公平損害呈請）法律程序規則》第 4 條。

36　《釋義及通則條例》第 84 條、第 85 條。

37　《高等法院條例》第 9 條、第 37AA 條。

38　《證據條例》第 81 條。

39　《勞資審裁處條例》第 41 條。

40　《公司（清盤及雜項條文）條例》第 168e 條。

41　《僱傭條例》第 67 條、第 2 條。

42　《稅務設施條例》第 26 條。

43　《博彩稅條例》第 6zh 條。

44　《稅務條例》第 77 條。

45　《城市規劃條例》第 17A 條。

46　《精神健康條例》第 31 條、第 32 條、第 36 條、第 62 條、第 68 條、第 71 條。

期離婚或分居時達成的申請。[47]（13）同意結婚。[48]（14）受理律政司司長就區域法院法官准予保釋的決定而提出的覆核申請、等候覆核時的扣押、拒絕保釋或保釋條件的覆核、對報道保釋法律程序的限制、命令移交法律程序、裁定是否適宜受審、發現其他罪行、判被告人簽保的權利、不准公眾進入刑事法庭的權力。[49]（15）裁定給予法律援助。[50]（16）享有進入感化院的權力。[51]（17）發出囚犯死亡通知。[52]（18）已退休的區域法院法官可受行政長官委託出任公眾集會及遊行上訴委員會主席。[53]（19）擔任海事法庭裁判委員。[54]（20）接受上訴。[55]（21）接受領養申請。[56]（22）接受提出不應作出領養令的申請。[57]（23）管轄再行犯罪。[58]（24）評定訟費、作出對合夥人在合夥財產中的權益增加押記的命令。[59]（25）命令持牌人進行實驗。[60]（26）組成驗船法庭。[61]（27）擔任研訊委員會委員。[62]（28）前任區域法院法官有權擔任監管釋囚委員會成員主席或副主席。[63]（29）聆訊就此提出的上訴。[64]（30）擔任上訴委員團成員。[65]

47　《婚姻訴訟規則》第 6 條。

48　《婚姻條例》第 18A 條。

49　《刑事訴訟條例》第 9h 條、第 9j 條、第 9p 條、第 10a 條、第 75 條、第 109e 條、第 109j 條、第 122 條。

50　《刑事案件法律援助規則》第 8 條。

51　《感化院條例》第 15 條。

52　《監獄規則》第 104 條。

53　《公安條例》第 43 條。

54　《商船條例》第 52 條。

55　《商船（拖網漁船檢驗）規則》第 15 條。

56　《領養條例》第 4A 條。

57　《領養規則》第 17 條。

58　《罪犯感化條例》第 6 條。

59　《區域法院條例》第 62 條、第 81 條。

60　《動物（實驗管制）條例》第 6 條。

61　《商船（安全）條例》第 74 條。

62　《香港民航（意外調查）規則》第 17 條。

63　《監管釋囚條例》第 4 條。

64　《商船（海員）條例》第 38 條。

65　《市區重建局條例》第 27 條。

三、法定例外情形

在同權同責的原則上，基於非全職法官與全職法官在任期條件和任期時間等方面的差異，香港立法也允許非全職法官與同職位全職法官權力與職責存在區別，但要求這些例外情形必須在立法或委任條款中予以明確規定。

（一）法律明確規定的例外情形

1. 條例明確規定特委法官和暫委法官不享有全職法官的部分權力

（1）不能受香港終審法院首席法官的委託以「合資格人士」的身份出任根據《法律執業證條例》的規定設立的「較高級法院出庭發言權評核委員會」主席或其他成員。《法律執業者條例》第 39E 條規定設立「較高級法庭出庭發言權評核委員會」。評核委員會主席是一名由終審法院首席法官委任的、並須為合資格人士的人，評核委員會九名成員中有兩名是由終審法院首席法官委任的合資格人士。其中，高等法院法官或曾任高等法院法官或區域法院法官都屬於合資格人士，但是條例明確指出現任及曾任的原訟法庭特委法官、原訟法庭暫委法官、區域法院暫委法官不屬於「合資格人士」，因此不得擔任受終審法院首席法官委託以合資格人士身份出任較高級法院出庭發言權評核委員會委員和主席。[66]

（2）不得擔任事務費委員會主席。根據《法律執業者條例》第74 條，原訟法庭法官可以擔任事務費委員會主席，但是條例還規定任何根據該條例第（1）（e）條獲委任的人不得是法律執業者或公職人員，由此排除了原訟法庭特委法官和部分原訟法庭暫委法官擔任事

66　《法律執業者條例》第 39e 條。

務費委員會主席的資格。[67]

（3）不得擔任行政長官選舉委員會選舉主任。根據《行政長官選舉條例》第 41 條規定，選舉管理委員會可委託一名高等法院原訟法庭法官為選舉主任，但不包括高等法院原訟法庭特委法官或暫委法官。[68]

2. 條例明確規定只有暫委法官才能行使同職位全職法官的權力

有部分香港條例規定了只有暫委法官和全職法官才可行使的權力。包括：（1）擔任強制性公積金計劃上訴委員會主席。[69]（2）屬於《證券及期貨條例》中提及的法官範圍。[70]（3）擔任存款保障上訴審裁處主席。[71]（4）擔任結算及交收系統上訴審裁處主席。[72]（5）覆核根據《打擊洗錢及恐怖分子資金籌集（金融機構）條例》附表 4 提交的申請附表。[73]

3. 其他法定例外情形

（1）宣誓程序不同。根據《宣誓及聲明條例》附表 3 規定，原訟法庭法官宣誓由行政長官監誓，原訟法庭特委法官和原訟法庭暫委法官是由原訟法庭法官監誓。[74] 區域法院暫委法官和區域法院法官都是由原訟法庭法官監誓。[75]

（2）排名。根據《高等法院條例》第 7 條的規定，一般情況下，特委法官、暫委法官排名在原訟法庭法官之後。

（3）退休年齡。根據《高等法院條例》第 11A 條和《退休金利益條例》第 6 條規定，高等法院法官須於年屆退休年齡時離任，但不

67　《法律執業者條例》第 74 條。
68　《行政長官選舉條例》（第 569 章）第 41 條。
69　《強制性公積金計劃條例》第 35 條。
70　《證券及期貨條例》第 215 條。
71　《存款保障計劃條例》第 40 條。
72　《結算及交收系統條例》第 584 條。
73　《打擊洗錢及恐怖分子資金籌集（金融機構）條例》附表 4。
74　《宣誓及聲明條例》（第 11 章）附表 3 第 II 部。
75　《宣誓及聲明條例》（第 11 章）附表 3 第 II 部。

包括特委法官及暫委法官。

（二）委任條款規定例外

《高等法院條例》第 10（2）條將「委任條款另有規定」作為原訟法庭暫委法官與原訟法庭全職法官同權同責的例外。《區域法院條例》第 7（3）條規定「在不限制第（1）款賦予終審法院首席法官的權力的原則下，終審法院首席法官可按以下條件委任區域法院暫委法官：（a）只為某指明的案件或指明類別的案件而委任、（b）任期只屬一段指明期間。」因此，在委任暫委法官時，如需要對暫委法官權力予以限制，可在委任文書中說明，以作為同權同責的合法例外。

儘管可以通過委任條款對暫委法官的權限予以限制，但從目前收集到的有關暫委法官的委任憲報看，尚沒有出現對暫委法官權力予以限制的委任憲報，也尚未發現專門為某一個案件或某一類案件而委任暫委法官的情形。

香港特區非全職法官的受案類型

一、受案類型的法律文本分析

前已述及，除非法律或者委任條款另有規定，香港非全職法官與同職位全職法官同權同責。在受案類型上，香港條例中，只有少部分立法特別指出，特委法官和暫委法官對於某些案件是與全職法官一樣有權予以審理的。例如《家庭及同居關係暴力規則》第 2 條：「在本規則中，除文意另有所指外，法官：（a）就於原訟法庭展開的法律程序而言，指高等法院首席法官、上訴法庭法官、原訟法庭法官、原訟法庭暫委法官及原訟法庭特委法官……」《刑事案件訟費條例》第 2 條規定：「法官指上訴法庭法官、原訟法庭法官、原訟法庭特委法官及原訟法庭暫委法官。」《刑事訴訟程序條例》第 67G 條：「在第 67C 及 67D 條中，提述法官即提述法院的法官、特委法官或暫委法官。」《道路交通條例》規定原訟法庭法官和特委法官有權命令修習駕駛改進課程。此外，大多數香港條例並沒有對特委法官和暫委法官受理的案件類型予以明確限制，或者對全職法官有權受理的案件，明確排除特委法官或暫委法官對案件的審理權限。根據《高等法院條例》第 6A 條、第 10（2）條和《區域法院條例》第 7（2）條「而任何法律中凡提述此等法官之處，須據此而解釋」的規定，可以說，在立法上，特委法官和暫委法官可審理的案件類型應與同職位全職法官

相同。

1. 高等法院原訟法庭的受案類型

香港高等法院原訟法庭既是特定案件的一審受理法院,也是對專門法院判決不服上訴的二審法院,因此其受理的案件類型包括原訟案件和上訴案件兩類。香港司法機構將高等法院原訟法庭審理的一審案件類別[1]劃分為三類:民事案件、刑事案件和遺產案件。

(1)原訟民事案件。主要包括民事訴訟(HCA)、高院憲法及行政訴訟(HCAL)、高院海事訴訟(HCAJ)、高院收養申請(HCAD)、高院破產案件(HCB)、高院商業訴訟(HCCL)、高院公司清盤案件(HCCW)、依據破產條例申請將法定要求償債書作廢案件(HCSD)、高院破產案臨時命令(HCBI)、高院建築及仲裁訴訟(HCCT)、高院婚姻訴訟(HCMC)、高院雜項案件(HCMP)、機密雜項案件(HCCM)、高院傷亡訴訟(HCPI)、高院賬面債項登記(HCBD)、高院賣據登記(HCBS)、停止通知書(HCSN)、高院釋放申請(HCCD)、高院擬進行的訴訟(HCZZ)、根據《精神健康條例》提出的申請(HCMH)。

(2)原訟刑事案件包括:高院刑事案件(HCCC)。

(3)遺產案件。高院遺產承辦處案件包括遺囑認證訴訟(HCAP)、申請授予書(HCAG)、知會備忘(HCCA)、單方面申請書(HCEA)、呈交案件(HCRC)、傳喚書申請(HCCI)、申請授予書(HCCV)等。

可見,此中的民事案件是一個廣義的概念,包括除刑事、上訴和遺產案件之外的其他高院有權管轄的案件,案件類型涉及傳統的民商事案件,還有訴訟案件和憲法和行政訴訟案件。

高等法院原訟法庭受理的上訴案件包括:高院裁判法庭上訴

---

1 〈香港特別行政區司法機構法庭 / 案件類別〉,香港司法機構網站,http://legalref.judiciary.gov.hk/lrs/common/help/hlptopic.htm(最後訪問日期:2019 年 3 月 20 日)。

（HCMA）、高院勞資審裁處上訴（HCLA）、高院稅務上訴（HCIA）、
高院小額錢債審裁處上訴（HCSA）、高院小額薪酬上訴（HCME）、
高院淫穢物品審裁處上訴（HCOA）、高院工會上訴（HCUA）、高院
遺產稅上訴（HCED）、高院法援上訴（HCAA）。

表 5-1：香港高等法院原訟法庭案件類別 [2]

民事案件			
Case Type 類別	Type (Chinese) 中文名稱	Original prefix 原有簡稱	Revised prefix 新簡稱
Civil Action	高院民事訴訟	HCA	HCA
Constitutional and Administrative Law Proceedings	高院憲法及行政訴訟	HCAL	HCAL
Admiralty Action	高院海事訴訟	HCAJ	HCAJ
Adoption Application	高院收養申請	HC Adoption	HCAD
Bankruptcy Proceedings	高院破產案件	HCB	HCB
Commercial Action	高院商業訴訟	HCCL	HCCL
Companies Winding-up Proceedings	高院公司清盤案件	HCCWU	HCCW
Application to set aside a Statutory Demand *(under Bankruptcy Ordinance)*	申請將法定要求償債書作廢（依據破產條例）	——	HCSD
High Court Bankruptcy Interim Order	高院破產案臨時命令	——	HCBI
Construction and Arbitration Proceedings	高院建築及仲裁訴訟	HCCON	HCCT

2 　表格來源為：〈香港特別行政區司法機構法庭／案件類別〉，香港司法機構網站，http://legalref.
judiciary.gov.hk/lrs/common/help/hlptopic.htm（最後訪問時間：2019 年 3 月 20 日）。

Matrimonial Causes	高院婚姻訴訟	HCDJ	HCMC
Miscellaneous Proceedings	高院雜項案件	HCMP	HCMP
Confidential Miscellaneous Proceedings	機密雜項案件	HCCMP	HCCM
Personal Injuries Action	高院傷亡訴訟	HCPI	HCPI
Bookdebt Registration	高院賬面債項登記	——	HCBD
Bill of Sale Registration	高院賣據登記	——	HCBS
Stop Notice	停止通知書	——	HCSN
Application for Discharge	高院釋放申請	——	HCCD
Intended Action	高院擬進行的訴訟	——	HCZZ
Applications under the Mental Health Ordinance	根據《精神健康條例》提出的申請	HCMP	HCMH

刑事及上訴案件			
Case Type 類別	**Type (Chinese) 中文名稱**	**Original prefix 原有簡稱**	**Revised prefix 新簡稱**
Criminal Case	高院刑事案件	HCCC	HCCC
Magistracy Appeal	高院裁判法院上訴	HCMA	HCMA
Labour Tribunal Appeal	高院勞資審裁處上訴	HCLTA	HCLA
Inland Revenue Appeal	高院稅務上訴	IRA	HCIA
Small Claims Tribunal Appeal	高院小額錢債審裁處上訴	SCTA	HCSA

Minor Employment Claims Appeal	高院小額薪酬上訴	MECA	HCME
Obscene Articles Tribunal Appeal	高院淫褻物品審裁處上訴	OATA	HCOA
Trade Unions Appeal	高院工會上訴	——	HCUA
Estate Duty Appeal	高院遺產稅上訴	——	HCED
Legal Aid Appeal	高院法援上訴	LAA	HCAA

遺產承辦處案件			
Case Type 類別	Type (Chinese) 中文名稱	Original prefix 原有簡稱	Revised prefix 新簡稱
Probate Action	遺囑認證訴訟	HCAP	HCAP
Application for Grant	申請授予書	HCAG	HCAG
Caveat	知會備忘	HCCA	HCCA
Ex-parte Application	單方面申請書	HCEA	HCEA
Referral Case	呈交案件	HCRC	HCRC
Citation Application	傳喚書申請	HCCI	HCCI
(Pre-system) Application for Grant	申請授予書（系統計算機化之前）	——	HCCV

2. 區域法院的受案類型

香港特區區域法院受理的案件包括：區院民事訴訟（DCCJ）、區院刑事案件（DCCC）、區院財物扣押案件（DCCT）、區域稅款申索案件 (DCTC)、區院僱員補償案件（DCEC）、平等機會訴訟（DCEO）、區院雜項上訴案件（DCMA）、區院雜項案件（DCMP）、職業性失聰（補償）上訴 (DCOA)、區院傷亡訴訟（DCPI）、肺塵埃沉著病（補償）上訴（DCPA）、印花稅評稅上訴案件（DCSA）。

表 5-2：香港區域法院案件類別 [3]

Case Type 類別	Type (Chinese) 中文名稱	Original prefix 原有簡稱	Revised prefix 新簡稱
Civil Action	區院民事訴訟	DCCJ	DCCJ
Criminal Case	區院刑事案件	DCCC	DCCC
Distraint Case	區院財物扣押案件	DCDT	DCDT
District Court Tax Claim	區院稅款申索	DCTC	DCTC
Employee's Compensation Case	區院僱員補償案件	DCEC	DCEC
Equal Opportunities Action	平等機會訴訟	E.O. No. (Equal Opportunities Commission)	DCEO
Miscellaneous Appeals	區院雜項上訴	——	DCMA
Miscellaneous Proceedings	區院雜項案件	DCMP	DCMP
Occupational Deafness (Compensation) Appeal	職業性失聰（補償）上訴	Occupational Deafness (Compensation) Appeal No.	DCOA
Personal Injuries Action	區院傷亡訴訟	——	DCPI
Pneumoconiosis (Compensation) Appeal	肺塵埃沉著病（補償）上訴	P.C.A. No.	DCPA
Stamp Duty Appeal	印花稅評稅上訴	Stamp Appeal No.	DCSA

---

3 表格來源：〈香港特別行政區司法機構法庭／案件類別〉，香港司法機構網站，http://legalref.judiciary.gov.hk/lrs/common/help/hlptopic.htm（最後訪問日期：2019 年 3 月 20 日）。

二、非全職法官受案類型的實證考察

但是，基於特委法官和暫委法官的非全職法官身份，為了公平起見，在實際的案件分配中仍然會存在一些細微的差別。關於特委法官和暫委法官可聆訊案件類型的差異性，早在 1998 年司法機構出具的一份報告中已現端倪。「在安排案件方面，司法機構也會小心處理，避免由有明顯利益衝突的暫委法官審理有關的案件，其中考慮的因素包括：案件是否涉及暫委法官本人或親友金錢上的利益，或涉及暫委法官過去的言論、決定、審理過的案件，或該暫委法官及其合夥人是否曾出任與訟任何一方的法律代表，又或與案件有關聯的任何人士與該暫委法官是否有任何的個人、親屬、僱傭等關係而會引致決定出現偏頗等。」[4] 當然該報告僅僅提出司法機構在分配案件時可能考慮的因素，對於具體哪些案件不會分配給特委法官和暫委法官並無明確指引。

對這一問題的明確表態出自 2006 年香港終審法院發佈的《關於非全職法官及參與政治活動的指引》，該指引明確地提及，「司法覆核案件不會編排予非全職法官處理。」[5] 那麼在實際案件的處理中，除了司法覆核案件外，特委法官和暫委法官在受案類型上是否還存在與全職法官的差異呢？

為全面呈現特委法官和暫委法官聆訊的案件類型，2014 年 7 月 25 日，在香港司法機構網站上，在「搜尋」一欄中輸入「Recorder」或「特委法官」，輸入「Deputy High court」或「高等法院暫委法官」，輸入「Deputy District judge」或「區域法院暫委法官」，「搜尋選項」選擇「審理法官」，選擇「判決書」項目進行搜索，共收集到 1996

4　有關討論參見立法會對《1998 年證券（內幕交易）（修訂）條例草案》的討論，參見《香港特區立法會會議過程正式記錄》，1998 年 9 月 23 日，第 1261 頁。

5　香港終審法院：《關於非全職法官及參與政治活動的指引》第 3（c）條。

年 1 月 1 日到 2013 年 12 月 31 日特委法官審理並作出的判決書 626 份，原訟法庭暫委法官審理並作出的判決書 4400 份，區域法院暫委法官審理並作出的判決書 1101 份。上述判決書所涉及的案件類型，可以清晰地反映特委法官和暫委法官聆訊的案件類型及案件數量。

1. 高等法院原訟法庭特委法官受理的案件類型

表 5-3：香港高等法院原訟法庭特委法官受理的案件類型及數量

案件類型	1996	1997	1998	1999	2000	2001	2002	2003	2004	2005	2006	2007	2008	2009	2010	2011	2012	2013	總計
HCA	7	4	4	20	25	40	11	13	10	14	39	31	26	34	20	28	28	23	377
HCMP	3	1	7	7	5	6	2	1	1	5	9	14	4	6	5	4	3	5	88
HCLA		1		1						1		1							4
HCMA		4	29	6		2													42
HCPI					2		6	1	1	3	4	2	6	6	5	2	4	1	43
HCCT					1	1	2		1		5	1	1			2	4		18
HCIA			1				1				1								3
HCB										2		1	6		1	6	4	2	22
HCSA								1		1	1				1	2		1	7
HCCW							1	1	1			5		1		2		4	15
HCSD				1															1
HCCL				1									2				2	1	6

案件類型	1996	1997	1998	1999	2000	2001	2002	2003	2004	2005	2006	2007	2008	2009	2010	2011	2012	2013	總計
HCAP														1					1
總計	10	10	42	35	33	49	23	17	16	24	60	60	39	48	32	46	45	37	626

　　從這 626 份判決書所涉及的案件類別看，特委法官聆訊的案件類別相對比較單一。參與聆訊的案件限於民商事和刑事審判案件和上訴案件共十三類案件，包括高院民事訴訟、高院雜項案件、高院勞資審裁處上訴案件、高院裁判法院上訴案件、高院傷亡案件、高院建築及仲裁訴訟、高院稅務上訴、高院破產案件、高院小額錢債審裁處上訴、高院公司清盤案件、依據破產條例申請將法定要求償債書作廢案件、高院商業訴訟案件和遺產認證案件。其中民事案件共 570 件，佔 91%；遺產承辦處案件 1 件，佔 0.1%；刑事及上訴案件 56 件，佔 8.9%。從具體案件類型中看，特委法官聆訊的案件類型是民事案件為主，從 1996-2013 年共聆訊了 377 件民事訴訟，佔所有聆訊案件的 60.2%；參與聆訊案件類型最少的是「申請將法定要求償債書作廢」的案件，只有 1 件。

2. 高等法院原訟法庭暫委法官受理的案件類型

表 5-4：香港高等法院原訟法庭暫委法官受理的案件類型及數量

案件類型	1996	1997	1998	1999	2000	2001	2002	2003	2004	2005	2006	2007	2008	2009	2010	2011	2012	2013	總計
HCA				1	128	174	212	133	83	160	165	86	99	70	96	109	162	160	1838
HCMA					35	106	174	146	132	135	193	109	85	103	31	28	35	30	1342

案件類型	1996	1997	1998	1999	2000	2001	2002	2003	2004	2005	2006	2007	2008	2009	2010	2011	2012	2013	總計
HCPI					8	23	38	15	17	50	41	23	19	9	7	8	8	16	282
HCMP					37	49	43	35	17	36	53	22	32	18	22	32	52	77	525
HCAJ																1	1	2	4
HCCT				2		1	3	4	2	2	7	4	1	1		6	5	2	40
HCCL						3	2	2	5	1		1				5			19
HCLA					4	10	21	12	4	3	9	2	2	1		4	2	3	77
HCAL							5	2		1							1	5	14
HCB					10	6	10	12	7	3	1	3				2	9	5	68
HCIA						3	4	2		5	4					1			19
HCMC						1				1	1		2		1		2		8
HCCW					2	7	13	14	1	5	2	1	4			5	4	10	68
HCSA					3	4	4	4	1	2			3	4	1	1	1	3	31
HCME												1					1		2
HCAP					2	2	3	3	1			1		1	1	1		1	17
HC														1					1
HCMH													1						1
HCSD					7	3		9	2	1		1						1	24

案件類型	1996	1997	1998	1999	2000	2001	2002	2003	2004	2005	2006	2007	2008	2009	2010	2011	2012	2013	總計
HCCC					1	2			1		1								5
HCCD									1										1
HCCA							1										2		3
CACV														3	4				7
DCEO								2											2
CWU					1														1
SC	1																		1
總計	1	0	0	3	238	394	533	395	275	405	478	255	250	208	162	198	288	317	4400

　　從上述 4400 份判決書所涉及的案件類別看，從 1996 年到 2013 年，高等法院原訟法庭暫委法官受理的案件涉及民事、刑事和遺產案件共 21 類案件，包括高院民事訴訟、憲法及行政訴訟、海事訴訟、破產案件、商業訴訟、公司清盤案件、申請將法定要求償債書作廢、建築及仲裁訴訟、婚姻訴訟、雜項案件、傷亡訴訟、釋放申請、根據《精神健康條例》提出的申請、遺囑認證訴訟、知會備忘、刑事案件、裁判法院上訴、勞資審裁處上訴、稅務上訴、小額錢債審裁處上訴、小額薪酬上訴等。其中，民事案件共 2892 件，佔 65.7%；刑事及上訴案件 1476 件，佔 33.5%；遺產類案件 20 件，佔 0.4%，其他案件共 12 件，佔 0.2%。就案件類型而言，原訟法庭暫委法官受理案件最多的是高院民事訴訟，共 1838 件。

3. 高等法院原訟法庭特委法官、暫委法官與全職法官受案類型比較

觀察高等法院原訟法庭的可受案類型，可以看到香港高等法院原訟法庭特委法官和暫委法官在實踐聆訊案件類型上與全職法官存在著不同。

表 5-5：特委法官和暫委法官與全職法官受案類型比較

分類	案件類型簡稱	中文名稱	特委法官	暫委法官
民事案件	HCA	高院民事訴訟	377	1838
	HCAL	高院憲法及行政訴訟	0	14
	HCAJ	高院海事訴訟	0	4
	HCAD	高院收養申請	0	0
	HCB	高院破產案件	22	68
	HCCL	高院商業訴訟	6	19
	HCCW	高院公司清盤案件	15	68
	HCSD	申請將法定要求償債書作廢（依據破產條例）	1	24
	HCBI	高院破產案臨時命令	0	0
	HCCT	高院建築及仲裁訴訟	18	40
	HCMC	高院婚姻訴訟	0	8
	HCMP	高院雜項案件	88	525
	HCCM	機密雜項案件	0	0
	HCPI	高院傷亡訴訟	43	282
	HCBD	高院賬面債項登記	0	0
	HCBS	高院賣據登記	0	0
	HCSN	停止通知書	0	0
	HCCD	高院釋放申請	0	1

分類	案件類型簡稱	中文名稱	特委法官	暫委法官
民事案件	HCZZ	高院擬進行的訴訟	0	0
	HCMH	根據《精神健康條例》提出的申請	0	1
遺產承辦處案件	HCAP	遺囑認證訴訟	1	17
	HCAG	申請授予書	0	0
	HCCA	知會備忘	0	3
	HCEA	單方面申請書	0	0
	HCRC	呈交案件	0	0
	HCCI	傳喚書申請	0	0
	HCCV	申請授予書(系統計算機化之前)	0	0
刑事及上訴案件	HCCC	高院刑事案件	0	5
	HCMA	高院裁判法院上訴	42	1342
	HCLA	高院勞資審裁處上訴	4	77
	HCIA	高院稅務上訴	3	19
	HCSA	高院小額錢債審裁處上訴	7	31
	HCME	高院小額薪酬上訴	0	2
	HCOA	高院淫褻物品審裁處上訴	0	0
	HCUA	高院工會上訴	0	0
	HCED	高院遺產稅上訴	0	0
	HCAA	高院法援上訴	0	0
總計			626	4400

基於上表的對比,可以觀察到:

(1)存在一些案件類型是原訟法庭特委法官尚未審理過的。民事案件方面,包括高院憲法及行政訴訟、高院海事訴訟、收養申請、高院破產案臨時命令、高院婚姻訴訟、機密雜項案件、高院賬面債項

登記、高院賣據登記、停止申請書、高院釋放申請、高院擬進行的訴訟、根據《精神健康條例》提出的申請。遺產承辦處案件方面，特委法官參與遺產承辦處案件數量非常少，僅有過一宗遺囑認證訴訟。其餘類型案件，包括遺產承辦處案件中的申請授予書、知會備忘、單方面申請書、呈交案件、傳喚書申請、申請授予書等案件，均未參與過。刑事及上訴案件方面，對於高院刑事案件、高院小額薪酬上訴、高院淫穢物品審裁處上訴、高院工會上訴、高院遺產稅上訴、高院法援上訴等類型案件，特委法官未參與過審理。

（2）存在一些案件類型是原訟法庭暫委法官從未審理過的。民事案件方面，包括高院收養申請、高院破產案臨時命令、機密雜項案件、高院賬面債項登記、高院賣據登記、停止申請書、高院擬進行的訴訟。遺產承辦處案件方面，包括遺產承辦處案件中的申請授予書、單方面申請書、呈交案件、傳喚書申請、申請授予書。刑事及上訴案件方面，包括高院淫穢物品審裁處上訴、高院工會上訴、高院遺產稅上訴、高院法援上訴等。

（3）實踐中，原訟法庭暫委法官的受案類型比特委法官的受案類型更為多樣化。比較原訟法庭特委法官和暫委法官受理的案件類型可見，特委法官受理過的案件類型，暫委法官也受理過，但有部分暫委法官受理過的案件，特委法官從未受理過。這些案件類型包括：民事案件包括高院憲法及行政訴訟、海事訴訟、高院婚姻訴訟、停止通知書、根據《精神健康條例》提出的申請；遺產承辦處案件包括知會備忘案件；刑事及上訴案件包括刑事案件和小額薪酬上訴案件。

顯然，香港司法實踐中，香港高等法院原訟法庭特委法官和暫委法官的受案類型與同職位全職法官的受案類型並不完全一致，存在有多種全職法官可以受理的案件類型從未編排給特委法官和暫委法官審理的情況，而且特委法官受理的案件類型也顯然比暫委法官受理的案件類型要少。

4. 區域法院暫委法官受理的案件類型

表 5-6：香港區域法院暫委法官受理的案件類型及數量

案件類型	1996	1997	1998	1999	2000	2001	2002	2003	2004	2005	2006	2007	2008	2009	2010	2011	2012	2013	總計
DCCJ						21	40	15	2	63	161	71	34	18	78	59	40	63	665
FCMC							1				12	9	7	1		8	10	27	75
DCPI						1	1			10	20	24	14	11	12	17	8	10	128
DCEC						3	13	3	2	15	18	31	11	2	13	19	5	11	146
FCMP											1	2				2	3	3	11
DCMP							2		1	3	7	2	4	2	2	12	6	7	48
DCDT							2			2	1			2		1	3	2	13
DCTC												1		1	1			1	4
FCJA												2							2
FCDJ										1	2								3
DCOA											1								1
DCEO											1								1
LA/ECC										1						3			4
總計						25	58	18	5	96	224	141	71	36	106	122	75	124	1101

基於上圖的比較，可以觀察到以下現象：

（1）區域法院暫委法官的受案類型基本覆蓋區域法院的大部分受案類型。從上述 1101 份判決書看，區域法院暫委法官的受案類型覆蓋了區域法院的大部分受案類型，包括區院民事訴訟、區院財物扣押案件、區域稅款申索案件、區院僱員補償案件、平等機會訴訟、區院雜項案件、職業性失聰（補償）上訴、區院傷亡訴訟、肺塵埃沉著病（補償）上訴。與區域法院全職法官相比，在過去十幾年中，只有三類區域法院案件從未編排給暫委法官受理，包括區域刑事案件、區院雜項上訴案件和印花稅評稅上訴案件。可以說，區域法院暫委法官的受案類型與區域法院全職法官的受案類型大同小異。

（2）區域法院民事訴訟案件是區域法院暫委法官的主要受案類型。從案件類型分佈看，區域法院暫委法官受理最多的案件類型是區院民事訴訟，共 665 件，佔 60.3%。區域刑事案件、區院雜項上訴案件和印花稅評稅上訴案件此三類案件從未受理過。平等機會訴訟、職業性失聰（補償）上訴和肺塵埃沉著病（補償）上訴案件受案數量各有 1 件。

綜上，雖然香港立法規定了特委法官和暫委法官與同職位法官同權同責，在受理案件類型上，立法對兩者也沒有明確區別，而是規定非全職法官與同職位全職法官對所在的高等法院原訟法庭和區域法院管轄範圍內的案件享有相同管轄權。然而，考究實踐中特委法官和暫委法官實際聆訊的案件類型，仍然可以看出，在司法機構實際案件編排中，特委法官和暫委法官的受案範圍與同職位全職法官仍然存在著區別，有些類型的案件從未編排給特委法官和暫委法官審理，其中原因與特委法官和暫委法官的非全職法官身份有關。通過案件編排，限制特委法官和暫委法官受理的案件類型，屬於司法機構內部的不成文慣例。

小結

　　根據香港本地條例的規定，特委法官和暫委法官享有與同職位全職法官同等的權力並履行同等的職責，但允許法律或者委任條款中有例外規定。因此法定和推定同權同責原則下，允許存在法定例外是規範特委法官和暫委法官與同職位全職法官關係的基本準則。基於上述原則，特委法官和暫委法官有權力聆訊同職位全職法官可聆訊的案件類型，但在司法實踐中，在編排特委法官和暫委法官受理的案件類型上，司法機構存在有「不成文的慣例」，有一些特殊類型的案件從未編排給特委法官和暫委法官審理。

第六章

香港特區非全職法官的司法行為規範*

香港特區非全職法官的司法行為規範

◇◇◇

▌一、香港特區非全職法官司法行為規範的形式

　　儘管非全職法官不屬於香港司法機構編制成員，但是由於立法
規定特委法官和暫委法官在出任法官期間，與同職位法官同權同責，
因此特委法官和暫委法官的司法行為也受香港司法機構制定的行為規
範的指引和約束。

　　香港司法機構關於法官行為指引方面的規定主要以司法機構規
範性文件的形式出現，包括 2004 年《法官行為指引》、《如何就法
官行為作出投訴》和 2006 年《關於非全職法官及參與政治活動的指
引》。香港終審法院的內部指引屬於司法機構向法官提供的行為處事
的實用性指導或道德要求，在法律淵源上不屬於任何性質的香港法
律，不具有法律的效力和強制性。但是根據香港《終審法院條例》的
規定，香港終審法院首席法官還負責司法機構的行政管理事務，藉此
「提升相關司法制度的專業性，提高司法機構的透明度以及改善各級
法院的服務效率，從而令香港特區的司法制度更趨完善」，[1] 為此，香
港終審法院設立規則委員會，負責「訂立法院規則、規管及訂明須在

---

* 本章部分內容曾發表於《政治與法律》2013 年第 3 期，原文標題為「對香港終審法院《關於非全
　職法官參與政治活動的指引》的法理探析」。

1 《一國兩制司法實踐 李國能功不可沒》，《文匯報》2009 年 9 月 3 日，A04 版。

終審法院遵行的程序及常規，以處理終審法院有司法管轄權的訟案及事項，以及規管及訂明有關程序或常規所附帶引起或涉及的事宜，委員會也可訂立法院規則，對更有效地實行本條例（即終審法院條例）作出概括性的規定」，[2] 因此，指引對於香港司法人員，包括屬於非全職法官的特委法官和暫委法官也具有一定的約束力。

二、香港特區非全職法官司法行為規範的構成

（一）一般司法行為規範

除了參與政治組織或活動部分的內容外，2004 年，香港終審法院制定的《法官行為指引》也適用於作為非全職法官的特委法官和暫委法官。[3]

2004 年《法官行為指引》確立了法官——包括特委法官和暫委法官——行為規範的三項指導原則：法官必須獨立、大公無私、正直誠實和言行得當，在此基礎上，明確了特委法官和暫委法官應遵守的一般行為規範。

1. 明確法官履行司法職責。包括勤於司法事務、在庭內的言行舉止、涉及案件的各種溝通、修正口述判詞及陪審團總結、押後宣告判決、與上訴法庭溝通、投訴信件、傳媒批評。

2. 明確取消法官聆訊資格的事宜。包括實際偏頗、推定偏頗和表面偏頗的認定。

3. 明確法官在法庭以外的專業活動以及法官的非司法活動。包

2　《終審法院條例》第 39 條。

3　《法官行為指引》中並沒有明確規定該指引只適用於全職法官及司法人員。但是在 2006 年香港終審法院《關於非全職法官及參與政治活動的指引》中明確指出，「《法官行為指引》關於法官應避免加入任何政治組織或與之有聯繫或參與政治活動的規定適用於全職法官」。由此可以確定，《法官行為指引》中關於法官政治活動的禁止性規定僅針對全職法官和司法人員，其他內容一併適用於全職法官和非全職法官。

括政治組織活動，運用司法職位，使用司法機構的信箋信封、推薦書，提供品格證據，提供法律意見，參與組織、商業活動、業主立案法團，管理個人投資，擔任遺囑執行人，進行個人訴訟，接受法律服務，與法律專業人員的社交接觸，適用某些政府部門的俱樂部和社交設施，光顧酒吧卡拉 OK 等場所和擁有組織會籍等事項。

（二）政治行為規範

2004 年《法官行為指引》第 76 條明確規定，「法官應避免加入任何政治組織，或與之有聯繫，或參與政治活動，例如法官應避免出席與政治有關的集會或示威活動。法官當然可自由行使選舉權利。」但該指引只適用於全職法官和司法人員。對於包括特委法官和暫委法官在內的所有非全職法官參與政治活動的行為，則由 2006 年香港終審法院制定的《關於非全職法官及參與政治活動的指引》予以專門規範。

2006 年《關於非全職法官及參與政治活動的指引》的主要內容包括：

1. 明確制訂指引的目的。2006 年指引指出，制定該指引的目的是：維持司法獨立和司法公正，並使司法的獨立性和公正性有目共睹。

2. 明確判斷非全職法官參與政治活動的適當標準。根據指引規定，非全職法官參與政治活動的判斷標準為適當標準，指「一個明理、不存偏見、熟知情況的人會否認為有關的行為會影響司法獨立或司法公正」。

3. 規範非全職法官的政黨身份及參與政治活動的行為。根據該指引的規定，一方面，允許非全職法官成為政黨的成員。「如果一位非全職法官僅為政黨的成員，在應用適當的標準時，並不會被視為不安」。另一方面，限制非全職法官較積極地參與政治活動。「非全職法官較積極地參與政治活動則會有不同的考慮。在應用適當的標準時，會視乎

參與活動的性質及程度」。根據上述兩個方面的規定，指引明確指出：
（1）不允許非全職法官不僅為政黨成員，而且還積極參與政治活動，
這「很可能不獲接受」；（2）非全職法官參與下述政治活動是不可接受
的：「（a）積極參與政黨的活動，例如出任政黨內的職位、作為黨內
委員會的成員、作為政黨的發言人、參與政黨的籌款或招募成員活動
等；（b）以候選人身份或提名候選人或協助候選人（不論屬何種情況，
也不論該候選人是否由政黨贊助）參與區議會、立法會或根據《行政
長官選舉條例》組成的選舉委員會，以及行政長官職位的選舉。就此
方面，應注意的是：（i）立法會及選舉委員會法律界功能界別的投票
人包括可能會在非全職法官席前出庭及可能會在非全職法官席前出庭
的大律師和律師。（ii）非全職法官當然可以行使他們在上述選舉中所
享有的權利來投票」。（3）灰色地帶問題的處理。指引承認其並不能
涵蓋所有情況，也難以將能夠接受及不能夠接受的政治活動詳盡無遺
地逐一列舉。對於可能存在的一些灰色地帶，需要考慮適當的標準，
衡情酌理地作出判斷。對於灰色地帶問題，例如非全職法官或考慮出
任非全職司法職位的法律執業者，如擬就所參與政治活動的模式是否
會被視為與非全職司法職位相抵觸一事尋求指引，應與有關法院領導
商討，而法院領導會在情況需要時諮詢終審法院首席法官。

　　從上述內容看，香港終審法院 2006 年《關於非全職法官及參與
政治活動的指引》中對非全職法官的政黨身份問題持較寬鬆的態度。
指引不反對非全職法官加入政黨，但限制非全職法官較積極地參與政
治活動，對非全職法官的政黨身份問題採用了區分制的規範模式。這
與 2004 年香港終審法院針對全職法官發佈的《法官行為指引》中對
於全職法官政黨身份予以全面和徹底限制的立法態度截然不同。在
2004 年 10 月發佈的《法官行為指引》中，香港司法機構對全職法官
的政黨身份持完全否認的態度，既反對法官加入政治組織，取得政黨
身份，也反對法官與任何政治組織發生聯繫或參與政治活動。

香港特區非全職法官的政黨身份規範

一、香港特區非全職法官政黨身份的規範形式

　　2004 年《法官行為指引》第 76 條明確規定，「法官應避免加入任何政治組織，或與之有聯繫，或參與政治活動，例如法官應避免出席與政治有關的集會或示威活動。法官當然可自由行使選舉權利。」但該指引只適用於全職法官和司法人員。對於包括特委法官和暫委法官在內的所有非全職法官參與政治活動的行為，2006 年香港終審法院發佈了《非全職法官及參與政治活動的指引》，以此規範和引導非全職法官參與政治活動的行為。但是，對於香港終審法院以指引規範非全職法官的政黨身份的規範形式的必要性，[1] 也一度引發了質疑。[2]

（一）法官政黨身份規範形式的國際借鑒

　　應該說，對法官政黨身份進行規範是近年來普通法地區興起的

1　公民黨的吳靄儀認為，法官懂得自己的判斷，公眾應該信賴，司法機構制定限制法官加入政治組織的指引也屬多餘。馬力則認為，制定法官行為規範不是香港獨有，近年來有不少普通法地區都先後制定了法官行為指引，香港只是較近期的例子。參見馬力：〈法官行為指引絕不多餘〉，《文匯報》2006 年 5 月 30 日，A18 版。

2　李國能發表《非全職法官及參與政治活動的指引》後，香港東方報業民意調查中心用電話抽樣訪問了 410 名市民意見，由於指引沒有罰則和約束力，有四成三認為指引的作用不大，兩成八覺得屬一紙空文，完全無用。參見〈李國能發指引偏幫公民黨，非全職法官入黨損司法獨立〉，《太陽報》2006 年 6 月 19 日，A19 版。

一種做法，通過對包括法官政黨身份在內的法官行為予以清晰的指引，並將這些指引和限制向社會公佈和公開，一方面有助於提高司法運作的透明度，形成全社會對司法公正的監督，以確保司法程序的公正，另一方面，也有助於保障公民在司法程序中獲得公正和不偏不倚的對待，這無疑是制度化的進步。當然，不是所有國家都對法官政黨身份問題予以明確規範和指引，在發佈法官政黨身份行為指引的國家中，也呈現出不同的規範形式。[3]

在對法官政黨身份予以一定規範的國家或地區中，採用何種形式進行規範則取決於所在國家或地區的選擇。

有的國際組織通過簽署相關國際條約或者發佈沒有法律約束力的國際文件的形式表達其對法官政黨身份限制的不同態度。例如國際律師工會通過的《司法獨立的最低標準》第 37 條規定：「法官不得出任政黨內的職位」。例如《班加羅爾司法行為原則》第 4.6 條規定：「法官與普通公民無異，均可享有言論、信仰、結社及集會自由，惟於行使權利時，法官的行為應始終與司法官職的尊嚴相符，亦須維持司法機關公正無私及獨立性。」又如聯合國《關於司法獨立的基本原則》第 8 段規定：「根據《世界人權宣言》，司法人員與其他公民同樣享有表達、信仰、結社和集會的自由，但是行使這些權利時，法官的行為必須維護司法職位的尊嚴和司法公正無私和司法獨立。」

有的國家在憲法中明確規範法官的政黨身份。憲法作為一個國家根本大法，國家以憲法條款的形式規範法官政黨身份，顯示出國家對於法官政黨身份問題的重視。以憲法形式規範法官政黨身份的突出立法例子是歐洲國家。歐洲國家的憲法中普遍包括規範法官政黨身份的法律條款。例如 1996 年《烏克蘭憲法》第 127 條第 2 款明確規定：

3　由於不是所有的國家都存在著非全職法官，同時在存在非全職法官和全職法官的國家，在有關法官身份和行為的規範上，也並非完全區分全職法官和非全職法官，因此，本書在借鑒國際社會的相關經驗時，如無特別指出，均借鑒的是國際社會對法官政黨身份規範的經驗。

「職業法官不能屬於政黨或工會的成員，不得參與任何政治活動，擁有代表資格，擔任任何其他有酬職務」。1992 年《立陶宛共和國憲法》第 113 條第 2 款規定：「法官不得參加政黨和其他政治組織的活動」。相同的立法形式也在保加利亞、西班牙、奧地利、匈牙利和葡萄牙等國家憲法中。

有的國家憲法只是規定司法獨立原則，或者對法官的行為做一般性和原則性規定，但沒有具體列舉是否允許法官加入政黨或從事政治行為，對於這些具體事項的規範通過其他成文法的形式進行調整。例如美國聯邦憲法中雖沒有具體涉及法官政黨身份問題，但是美國很多州的州憲法中提及這一問題。有些州憲法禁止法官在任何政黨和政治組織中擔任職務，一部分州憲法條款還禁止法官從事政治競選活動。[4]

有的國家不以法律規範的形式明確法官政黨身份，對法官政黨身份的干涉更多通過行業規則或法官道德規範的形式進行調整。這種規範形式更多出現在普通法地區。例如加拿大憲法沒有規範法官的政黨身份，但加拿大司法委員會制定的《法官道德原則》明確要求法官在獲得委任時終止所有的政治行為，並斷絕作為某團體或組織成員的行為。類似例子還包括澳大利亞大法官委員會發出的《法官行為指引》、英國法官理事會發佈的《法官行為指引》、美國律師協會 1933 年制定《司法職業道德準則》以及 1972 年通過的《司法行為準則》等。

無論是以何種規範形式限制或者不限制法官的政黨身份，對法官政黨身份等相關行為作出相應的指引，為法官的政治行為提供清晰和明確的標準，這無疑是一種制度化的進步。

---

4   最高人民法院中國應用法學研究所編：《美國法官制度與法院組織標準》，北京：人民法院出版社 2008 年版，第 57 頁。

（二）香港非全職法官政黨身份的規範形式

在香港，非全職法官的政黨身份是否以及應受何種規範形式的限制，與香港的法律制度密切相關。根據香港基本法，在香港實施的法律包括香港基本法、與香港基本法不相抵觸或未經香港特區立法機關作出修改的香港原有法律（即普通法、衡平法、條例、附屬立法和習慣法）以及由香港特區立法機關制定的法律。因此，非全職法官政黨身份的規範基礎體現在這些法律淵源中。

1. 香港基本法

香港基本法沒有直接涉及非全職法官這一特殊職業群體政黨身份的相關規定。調整非全職法官政黨身份涉及香港基本法中兩方面條款：香港基本法有關獨立司法權的規定以及香港基本法有關結社自由的規定。規範非全職法官政黨身份，需要考慮如何在這兩項權利（力）之間取得平衡。

（1）有關獨立司法權和法院獨立進行審判不受任何干涉的規定

香港基本法第 2 條和第 19 條規定香港享有獨立的司法權和終審權，同時，香港基本法從三個方面進一步維護香港獨立的司法權：一是賦予香港特區終審權，確保香港特區擁有獨立的司法權，體現法域平等獨立原則；二是將獨立司法權的行使授予香港特區各級法院，確保司法權不受立法權和行政權的干涉，體現了權力分立的原則；三是建立司法人員履行司法職責時免受干預的各項制度，包括司法豁免、任免程序、任期和待遇保障制度，以保障獨立司法權的行使。

其中，香港基本法所確立的確保司法人員履行司法職責時免受干預的制度中，蘊含了香港基本法對法官的行為規範要求。第一，對法官選任的規範要求。根據香港基本法第 92 條規定，「香港特別行政區的法官和其他司法人員，應根據其本人的司法和專業才能選用，並可從其他普通法適用地區聘用。」這意味著，香港特區法官的選任只考慮法官候選人的司法和專業才能，法官的政黨身份不應是法官選

任時要考慮的因素。第二，法官司法行為的規範要求。香港基本法第
85 條規定：「香港特別行政區法院獨立進行審判，不受任何干涉。司
法人員履行審判職責的行為不受法律追究。」因此法官的政黨身份不
能對法官獨立審判構成影響，否則應限制或者禁止法官的政黨身份，
或者要求擁有政黨身份的法官放棄對有關案件的聆訊。第三，對法官
司法行為的事後監督。這主要體現在法官的免職上，香港基本法第
89 條規定，香港特別行政區法官只有在無力履行職責或者行為不檢
的情況下，才可依香港基本法規定的程序免職。因此如果法官因其政
黨身份影響了獨立司法權的行使，法官將因此被免職。雖然香港基本
法有關法官行為規範的相關規定沒有明確地指向法官的政黨身份，但
香港基本法有關法官行為規範的要求貫穿於法官選任、法官任職和法
官免職的整個階段，可以說，這是三條有關法官行為的基本原則。

作為與全職法官行使相同審判權的非全職法官，香港基本法有
關獨立司法權和法院獨立審判不受干涉的規定也應該同樣適用。非全
職法官應當受香港基本法中有關法官行為規範的約束。根據香港基本
法的這三條原則，可以作出這樣的判斷，非全職法官能否加入政黨應
以其政黨身份是否影響到獨立司法權的行使以及法院獨立進行審判不
受任何干涉為判斷標準。如果影響，則不應允許非全職法官加入政
黨；如果不影響，則可允許非全職法官加入政黨；如果非全職法官加
入政黨後出現行為不檢的情況，將被免職。因此，香港非全職法官政
黨身份的限制或放開，應以不違反香港基本法中有關獨立司法權以及
法院獨立進行審判不受任何干涉的規定為基準。

（2）有關非全職法官的結社自由權的規定

香港基本法通過兩個方面規定肯定了香港居民享有結社自由
權。一方面，香港基本法第 27 條規定，香港居民享有結社的自由。
另一方面，香港基本法第 39 條規定，「《公民權利和政治權利國際公
約》，《經濟、社會與文化權利的國際公約》和國際勞工公約適用於

香港的有關規定繼續有效，通過香港特別行政區的法律予以實施。」其中，《公民權利和政治權利國際公約》第 22 條規定，「人人有權享受與他人結社的自由，對此項權利的行使不得加以限制。」《香港人權法案條例》第 8 條參照該公約第 22 條的規定，將公約規定的結社自由權通過《香港人權法案條例》在香港予以實施，從而使得公約有關結社自由權的規定在香港繼續有效。在肯定香港居民享有結社自由權的同時，香港基本法也規定，香港居民的結社自由權是受到一定限制的。香港基本法第 39 條第 2 款進一步明確：「香港居民享有的權利和自由，除依法規定之外不得限制，此種限制不得以本條第一款規定相抵觸」。據此，香港居民所享有的結社自由權受到兩個方面的限制：

第一，結社自由權作為香港居民的一項基本權利，受香港基本法有關居民權利限制的一般條款制約。香港基本法第 39 條第 2 款規定，「香港居民享有的權利和自由，除依法規定之外不得限制」，這一條款作為香港居民所享有的自由和權利的一般限制條款，也適用於對香港居民結社自由權的限制。適用這一一般限制條款約束香港居民的結社自由權必須依法進行。也就是說，除非法律明確予以規定，否則香港居民的結社自由權不受限制。

第二，結社自由權作為香港居民的一項基本權利，受香港基本法有關結社自由權限制的專門條款制約。香港基本法第 39 條第 2 款同時規定：「此種限制（對香港居民享有的權利和自由的限制）不得與本條第一款規定相抵觸。」這意味著對香港居民權利和自由的限制，不得與通過香港法律予以實施的、在香港繼續有效的國際條約有關規定相抵觸。就結社自由權而言，這意味著香港法律對居民結社自由權的限制，不得與通過《香港人權法案條約》予以實施從而在香港繼續有效的《公民權利和政治權利國際公約》中有關結社自由權的限

制相抵觸。[5] 根據《公民權利和政治權利國際公約》第 22 條規定：「對此項權利的行使不得加以限制。除去法律所規定的限制以及在民主社會中為維護國家安全或公共安全、公共秩序，保護公共衛生或道德，或他人的權利和自由所必需的限制。本條不應禁止對軍隊或警察成員行使此項權利加以合法的限制。」因此，香港居民結社自由權受到以下三個方面的特殊限制：首先，出於維護國家安全或公共安全、公共秩序、保護公共衛生或道德、或他人的權力和自由，可以對香港居民的結社自由權予以限制。其次，對結社自由權的限制應是「必需的限制」。再次，特殊職業群體例如軍隊和警察成員的結社自由權可以予以合法的限制。

香港基本法在肯定居民結社自由權的同時，也明確規定香港居民的結社自由權是受到相應限制的，包括一般條款限制和專門條款限制。香港特別行政區非全職法官作為香港居民，在享有結社自由權的同時，也受到香港基本法相關條款的限制。根據香港基本法的上述規定，限制香港特別行政區非全職法官的政黨身份，必須符合一個條件，即限制非全職法官的政黨身份是出於在民主社會中為維護國家安全或公共安全、公共秩序、保護公共衛生或道德，或他人的權利和自由所必需。這意味著：首先，限制非全職法官政黨身份應有利於維護社會的公共秩序。非全職法官和全職法官一樣行使香港特別行政區審判權，對依法提交的案件擁有最終的裁決權，法官公正和獨立地行使司法裁決權對於維護社會的正常秩序，維護社會的良好道德和有序運轉有著深遠的影響。其次，限制非全職法官政黨身份應有利於維護香港居民的其他權利和自由。除了結社自由權外，根據香港基本法第 25 條規定，香港居民還享有在法律面前一律平等的權利。《公民

5　根據香港基本法的規定，《公民權利和政治權利國際公約》能在香港繼續有效的有關規定並不能在香港直接適用，而只能通過香港特別行政區的法律予以實施。香港回歸之後，《公民權利與政治權利國際公約》的相關規定在香港是通過《香港人權法案條約》予以實施的。

權利和政治權利國際公約》也規定了在法院平等及接受公正公開審判的權利，公約第 14 條規定，「所有的人在法庭和裁判所前一律平等。在判定對任何人提出的任何刑事指控或確定他在一件訴訟案中的權利和義務時，人人有資格由一個依法設立的合格的、獨立的和無偏倚的法庭進行公正的和公開的審訊。」因此，由一個公正無私獨立的法庭對案件進行審理關係到香港居民的合法權益保護。對非全職法官的政黨身份做必要的限制，有利於維護香港居民在法院前平等及接受公正公開審訊的權利。再次，限制非全職法官政黨身份必須是出於「必需」。對結社自由權的限制有著一定程度的要求，具體要求是達到「必需」的程度。也就是說，如果不加以限制，將不利於維護國家安全或公共安全、公共秩序，保護公共衛生或道德、或他人的權利和自由。

香港基本法雖然沒有專門針對非全職法官政黨身份的條款，但是香港基本法有關結社自由權和獨立司法權的相關條款表明，結社自由權作為香港居民的一項基本權利，是受到香港基本法一般限制條款和專門限制條款的制約。非全職法官作為特殊的群體，在享有結社自由權的同時，必須遵守香港基本法有關獨立司法權和獨立進行審判不受任何干涉的基本原則，必須遵守香港基本法有關法官選任、法官任職和法官免職的相關行為規範的制約。就此，在維護香港基本法關於法院獨立行使司法權和獨立進行審判不受任何干涉的基本原則下，可以對非全職法官的結社自由權予以相應的限制。

2. 香港特區條例

在涉及非全職法官政黨身份這一問題上，香港現行的立法並沒有專門性的規定。與香港基本法的規定相對應，香港立法機關制定的條例中，涉及此方面問題的規定也主要體現在對結社自由權的限制以及對獨立司法權的維護兩個方面。

一方面，香港特區條例通過進一步細化香港基本法的有關規

定，以落實香港基本法所確立的獨立司法權和法院獨立進行審判不受任何干涉的基本原則。這體現在對法官選任的標準和程序的細化方面。以香港終審法院首席法官的遴選標準和程序為例，香港基本法規定終審法院首席法官應符合身份條件 [6] 以及司法和專業才能要求 [7] 兩項基本條件，遴選程序須經司法人員推薦委員會推薦、立法會同意、行政長官任命並報全國人大常委會備案等程序。但其中的細節問題由香港特區條例予以細化明確。第一，明確了司法和專業才能的評斷標準。《終審法院條例》第 12（1）條對首席法官候選人的資格加以限制，要求有資格被委任為首席法官的候選人必須是香港終審法院的常任法官，或高等法院首席法官、上訴法庭法官或原訟法庭法官或在香港以大律師或律師身份執業最少十年的大律師。此外，在 1997 年遴選首任首席法官時，根據司法界及法律界中資深人士的意見，司法人員推薦委員會發展了一套更細緻的司法才能遴選標準，作為對司法任命的才能準則的補充。這些標準包括以下各項：（1）具備誠實正直、辦事勤奮、獨立自主和聰明才智方面的個人才能；（2）具備作為律師的傑出表現及能夠予人有專業卓越成就的印象；（3）具備掌握事實及運用法律的司法才能，令人信服的辭令技巧，以及能夠按理論與實際需要貫徹和發展法律的本領；（4）善於與人共事並能取得司法機構和法律界認識的尊敬和信任，透過和他們合作下，推動終審法院和法律制度的發展成長，從而取得本地和國際間的尊崇。[8] 第二，明確了年齡限制。根據《終審法院條例》規定，終審法院首席法官的任期受退休年齡限制，正常退休年齡為 65 歲，一般到達退休年齡時離任。但行政長官也可以根據實際需要，在首席法官達到退休年齡之後，將其

6　香港基本法第 90 條規定：「香港特別行政區終審法院首席法官應由在外國無居留權的香港行政區永久性居民中的中國公民擔任。」

7　香港基本法第 92 條規定：「香港特別行政區的法官應根據其本人的司法和專業才能選用。」

8　張惠霖：《香港自 1976 年起任命法官的程序》，香港立法會秘書處資料研究及圖書館服務部 RP07/00-01，2001 年 4 月 10 日，第 17 頁。

任期延續。[9] 第三，細化遴選程序。香港《司法人員推薦委員會條例》對司法人員推薦委員會的組成和投票規則予以明確規定，以嚴格規範終審法院首席法官的遴選程序和規則。在這一套嚴格細緻的首席法官遴選條件和程序中，法官的政黨身份並不是參與遴選首席法官時要被考慮和權衡的因素之一。

另一方面，香港特區條例重申了香港基本法所規定的結社自由權的限制。《香港人權法案條例》比照《公民權利和政治權力國際公約》第 22 條的規定，在規定香港居民結社自由權的同時也予以結社自由權相應的限制。依該條例第 8 條的規定：「（一）人人都有自由結社之權利，包括為保障其本身利益而組織及加入工會之權利。（二）除依法律之規定，且為民主社會維護國家安全及公共安寧、公共秩序、維持公共衛生或風化、或保障他人權利自由所必要者外，不得限制此種權利之行使。本條並不禁止對軍警人員行使此種權利，加以合法限制。」

3. 香港普通法

作為香港法律另一項重要淵源的普通法，在法官的政黨身份這一具體事項上也沒有明確的規範。雖然「香港司法界的慣例十分注重法官是否政治中立」，[10]「香港的法官過往或者從不加入政治組織，或者接受政治任命後，辭去法官的職位。」[11] 但是，司法界的這種傳統和慣例並不等同於香港的普通法。普通法對於法官行為規範的要求主要是通過取消法官聆訊資格的制度來實現，即要求存在某些情況的法官可能要取消其聆訊某一案件的資格。根據普通法，以下三種情況可能需要取消法官聆訊資格：第一，法官實際上存有偏頗（實際偏頗），此時必須取消法官的聆訊資格。第二，在某些情況，法官會被

9　《終審法院條例》第 14（1-2）條。

10　〈梁冰濂區慶祥加入公民黨尤為政治中立　法律界：暫委法官應避嫌〉，《文匯報》2006 年 5 月 5 日，A15 版。

11　〈法官加入政黨損害司法獨立〉，《文匯報》2006 年 5 月 25 日，A02 版。

推定為存有偏頗，因而必須自動取消聆訊的資格（推定偏頗）。何為推定偏頗，一般而言，如果案件的訴訟結果，對法官有金錢或產權上的利益，則可推定存在偏頗，例如有關的法官持有訴訟一方的大量股份，而該案的訴訟結果，也許會確實地影響該法官的權益。第三，某些情況令人覺得法官表面上存有偏頗（表面偏頗）。[12] 表面偏頗的標準是：如果在有關的情況下，一個明理、不存偏見、熟知情況的旁觀者的結論是，法官有偏頗的實在可能，則該法官的聆訊資格便被取消。從上述普通法的相關規定看，法官政黨身份對於法官聆訊案件是否構成影響應該適用的是第三種情況，即是否構成表面偏頗情形，一旦構成，則法官應根據相關情況決定取消對案件的聆訊資格。

4. 香港終審法院的內部指引

香港基本法和香港法例均沒有對法官政黨身份予以明確規範，但提供了系列基本原則，香港終審法院以「指引」的形式對此問題予以了明確回應。縱觀香港的有關立法和指引，香港特區對非全職法官政黨身份規範採用的形式是：立法明確調整非全職法官政黨身份的基本原則，行業規範構建非全職法官政黨身份的具體內容。從國際立法借鑒看，以內部指引的方式規範非全職法官的政黨身份，這一規範形式也為其他普通法地區所採用。香港終審法院採用指引的形式，與國際社會有關立法規範形式的選擇相一致。

綜上，是否以及通過何種規範形式規範非全職法官政黨身份問題，是一種立法技術的選擇問題。由於不是所有的國家都存在著非全職法官制度，同時基於非全職法官和全職法官行使同樣的審判權，因此在考察對非全職法官政黨身份的規範形式時，更多借鑒的應是國際社會對法官政黨身份的規範形式。就此，不同的國家採用不同的方式以表達他們對這一問題的態度。或者是通過締結國際條約或國際性文

---

12 香港終審法院：《法官行為指引》，2004 年 10 月，第 15 頁。

件、或者是通過憲法條文、或者是採用成文法的形式，或者是採用內部指引的方式。香港基本法和其他法律對於非全職法官政黨身份問題並沒有做專門針對性規範，但是香港基本法有關獨立司法權和法院獨立進行審判不受任何干涉的規定，構成了評判非全職法官政黨身份問題的基本準則。香港基本法對結社自由權的限制表明了在維護司法獨立和法院獨立進行審判不受任何干涉的前提下，對非全職法官政黨身份可以予以必要的限制。因此，限制還是允許非全職法官政黨身份的立法選擇，判斷的標準應在於是否有利於維護香港基本法確立的獨立司法權和法院獨立進行審判不受任何干涉原則。

香港現行的成文法和普通法在遵循香港基本法確立的這一原則的前提下，對法官選任、法官任職和法官免職做了進一步的規範。但對於具體的非全職法官政黨身份的判斷問題，留待香港終審法院以指引的形式加以明確。香港終審法院指引雖然缺乏法律的強制力和約束力，但是作為香港司法隊伍共同的行為指導和道德規範，其仍然可以對非全職法官的政黨身份及政治行為起到引導作用。在這一前提下，香港終審法院根據條例賦予的職權，制定非全職法官政黨身份或政治活動的內部指引，既是對香港基本法和香港法律有關法院獨立審判這一基本原則的具體落實，也與國際社會有關立法的形式相一致。因此，在非全職法官政黨身份規範形式的選擇上，香港特區採用由香港特區終審法院通過內部指引的規範形式調整非全職法官政黨身份問題，其規範形式的合理性不應質疑。

二、香港特區非全職法官政治行為的規範模式

（一）法官政治行為規範模式的國際借鑒

無論是以何種規範形式調整法官政黨身份，從各國立法和相關規定看，各國對法官政黨身份的態度並不完全一致。

1. 立法僅規定司法獨立原則，沒有就法官政黨身份做明確約束

有些國家立法規定了司法獨立原則，也規定了法官職業限制、不得兼任制度等以確保司法獨立，但並沒有就是否允許法官加入政黨或從事政治活動進行明確規定，只是要求法官行為不能損壞司法獨立。對法官政黨身份只做司法獨立的原則性規定的國家不在少數。例如 1917 年《墨西哥合眾國憲法》第 101 條規定，「最高法院法官、巡迴法院法官、區審判庭審判官及其各自書記官在任何情況下不得接受和擔任聯辦、州或私人的職位或職務，但科學、文學或慈善協會的榮譽職務除外。」1991 年《羅馬尼亞憲法》第 124 條第 2 款規定，「法官不得擔任除高等院校教員職務之外的其他任何公職或私職。」1975 年《希臘共和國憲法》第 89 條第 1 款規定，「法官不得兼任任何其他領取薪金的職務或從事任何其他職業。」

以司法獨立形式從原則上間接調整法官政黨身份問題的立法思路也為一些國際條約或文件所採取。例如中國《北京宣言》第 7 段規定，「法官須避免不合適及視同不合適的所有活動以維護司法的完整及獨立。」聯合國《關於司法獨立的基本原則》第 2 段規定，「司法機構須公正地就他們席前的事項作出裁斷，有關裁斷須基於事實及法律，沒有受到任何來自何方或理由的，直接或間接的限制、不正確影響、引誘、壓力、威脅或干預的情況下作出。」另外，《班加羅爾司法行為原則》第 4.6 條規定和聯合國《關於司法獨立的基本原則》第 8 段也不反對法官的結社自由，但要求法官行使結社自由權時，必須維護司法職位的尊嚴和司法公正無私和司法獨立。

在這種立法形式下，允許還是限制法官政黨身份或者法官從事政治活動，以此種行為是否有損司法獨立原則為判斷標準，這一判斷依賴於對具體情形的衡量，或者依賴於對憲法條款的具體解讀。

2. 全面明確禁止法官的政黨身份

有些國家憲法對法官的政黨身份問題予以明確禁止，包括反對

法官加入政黨組織以及從事政治活動。例如 1982 年《洪都拉斯共和國憲法》第 311 條第 2 款規定，「現職法官和大法官不得以任何理由參加任何黨派政治活動，也不得加入工會和宣佈罷工。」1996 年《烏克蘭憲法》第 127 條第 2 款明確規定，「職業法官不能屬於政黨或工會的成員，不得參與任何政治活動，擁有代表資格，擔任任何其他有酬職務。」1995 年修正的《土庫曼斯坦共和國憲法》第 103 條規定，「法官在任期內不得參加政黨和追求政治目標的社會團體。」1978 年《西班牙憲法》第 127 條第 1 款規定，「法官、大法官和檢察官在任職期間，不得擔任其他公職，也不得參加政黨或工會。」1991 年《斯洛文尼亞共和國憲法》第 133 條規定，「擔任司法職務後，不得擔任其他國家機關、地方自治機關和政黨機關中的職務，也不得擔任法律規定的其他職務或從事法律規定的其他活動。」1992 年《立陶宛共和國憲法》第 113 條第 2 款規定，「法官不得參加政黨和其他政治組織的活動。」

有些國家在成文法中對法官的政黨身份也採取完全禁止的立法態度。例如美國肯塔基、華盛頓和俄勒岡等三個非政黨選舉制州就規定在特定情況下禁止選舉任職法官和候選人確認自己為某政黨黨員。[13] 有些國家在法官行為指引中對法官政黨身份也採取完全禁止的立法態度。例如加拿大司法委員會發出的《法官道德原則》第 6 章第 D1 段規定，「法官須斷絕某些行為，諸如作為某團體或組織成員，或參與公開討論，而該公開討論在合理、中肯及熟悉情況的人而言，在顧及該問題會在法庭處理的情況下，會損害對法官公正的信心。」第 6 章第 D2 段規定，「所有政治活動須於獲委任時終止。法官須斷絕某些行為，而該行為在合理、中肯及熟悉情況的人而言，該法官被視為參與政治活動。」第 6 章第 D3 段規定，「法官須斷絕：（a）政

13　〈（美國）司法行為準則〉，載最高人民法院中國應用法學研究所編：《美國法官制度與法院組織標準》，北京：人民法院出版社 2008 年版，第 67 頁。

黨成員身份及政治捐獻；（b）出席政治集會及政治捐獻活動；（c）對政黨或政治運動捐獻；（d）公開參與具爭議性的政治討論，除非針對法庭運作有直接影響、司法獨立及施行公義的基礎觀點等事項；（e）簽署請願書以影響政治決定。」

禁止法官政黨身份的立法模式也為部分國際立法和文件所採納。例如 1983 年在加拿大通過的《司法獨立世界宣言》第 2 之 28 條規定，「法官不得為政黨之積極黨員或在政黨中任職」。

3. 有區別地限制法官政黨身份

有些國家立法對法官政黨身份的限制問題予以區分，根據不同情況有區別地限制法官政黨身份。一般而言，對法官政黨身份限制的區分主要表現為以下兩個方面：

（1）區分法官的政黨身份和法官從事政治活動

法官參與政治活動可分為一般參與和積極參與兩種。一般參與指法官只是作為某個政黨的成員；積極參與則指法官出任政黨內的職位，或出任政府官員或立法官員，或出席政治活動等。對於這兩種不同類型的法官參與政治活動的行為，有的國家立法作了區分，予以不同的規範。通常情況下，立法多不反對法官的一般參與行為，但禁止法官的積極參與行為，即維護法官加入政黨的權利，但是限制法官的積極政治活動。

例如美國律師協會於 1990 年全面修改制定的《司法行為準則》就「沒有規定禁止法官或法官候選人確認自己是政黨黨員」，[14] 但是對法官參與政治活動的行為進行嚴格的限制和禁止。《司法行為準則》之準則五明確規定：「法官或司法官候選人不得從事不適當的政治活動」，要求所有法官或司法官候選人「（1）不得在某個政治組織中作為領導人或獲得某個職位、公開同意或公開反對另一個謀求擔任

14　最高人民法院中國應用法學研究所編：《美國法官制度與法院組織標準》，北京：人民法院出版社 2008 年版，第 66 頁。

公務員的候選人、代表某個政治組織發表演講、參加政治集會、為某個政治組織或候選人收集贊助、支付費用、提供贊助、或購買政黨組織的宴會或其他活動的門票。（2）如果某個法官作為一個非司法官的候選人而參與了最初的或一般的選舉，則該法官應辭去司法職務。除非法律明確允許法官在擔任選舉的候選人時可以繼續擔任司法官或擔任州制憲會議的代表。（3）司法職位候選人必須保持與司法職位相稱的尊嚴，其行為方式應當與司法的廉正性和公正性相一致，並且必須鼓勵候選人的家庭成員在支持候選人時，同樣遵守適用於候選人的政治行為標準……」[15] 由此可見，美國雖允許法官參與政黨，但是法官在司法事務之外的政黨活動空間是極其有限甚至是被嚴令禁止的，不參加黨派活動成為司法人員的一個準則和要求。在美國歷史上也曾經有過聯邦最高法院法官由於參加了黨派活動而被彈劾的先例。[16]

美國《司法行為準則》有關「維護法官加入政黨的權利但是限制法官積極參與政治活動」的立場也為很多州所認同。資料顯示，在美國，「有 8 個政黨選舉制州，5 個非政黨選舉制州，5 個提名委員會制州和 1 個行政部門選任制州根據具體情況允許選舉任職法官和法官候選人確認他們自己為政黨黨員……有 23 個州沒有關於法官確認自己為黨員的條款……但（在這些州中）僅僅確認自己為某政黨黨員就被認為構成『政治活動』顯然是不可能的……」[17]

同樣的例子還可見澳大利亞大法官委員會發出的《法官行為指引》。該指引第 3.2 段規定：「有關廣為接受的法官須考慮的司法行為以外活動的限制及原則如下：雖然於委任為法官以前的活動參與及作為政黨成員本身並不構成司法偏私或被視為偏私，法官應預期於獲委

15　美國《司法行為準則》，載最高人民法院中國應用法學研究所編：《美國法官制度與法院組織標準》，北京：人民法院出版社 2008 年版，第 262-289 頁。

16　龔祥瑞：《西方國家司法制度》，北京：北京大學出版社 1993 年版，第 107 頁。

17　〈（美國）司法行為準則〉，載最高人民法院中國應用法學研究所編：《美國法官制度與法院組織標準》，北京：人民法院出版社 2008 年版，第 66-67 頁。

任時斷絕所有政黨聯繫。被視為繼續聯繫的情況諸如出席政治集會、政治募捐項目及向政黨捐獻應予避免。」澳大利亞《法官行為指引》也是不反對法官的政黨身份，但不允許法官進行積極的政黨活動。採用容許法官加入政黨但不可積極參與政黨的活動的國家還有比利時、法國、葡萄牙。

在國際立法方面，國際律師公會通過的《司法獨立的最低標準》也採用了這一做法，其第 37 條規定「法官不得出任政黨內的職位。」從該條看，這一立法僅限制法官出任政黨內的職位，但沒有明令禁止法官參與政黨。

（2）區分法官的不同類別予以限制

根據不同的分類標準，可以將法官區分為不同類型。例如根據法官是否屬司法機構編制，可以將法官分為全職法官和兼職法官；根據法官任職的崗位，可以將法官區分為憲法法官和一般法官。有些國家根據不同的類別對法官的政黨身份予以不同的限制。

第一，區分全職法官和非全職法官，並予以不同的政黨身份限制。有的國家對全職法官和非全職法官的政黨身份予以不同的要求。這些國家的立法一般對全職法官的政黨身份予以嚴格限制，對非全職法官的政黨身份予以較寬鬆對待。例如前述美國《司法行為準則》準則五中有關禁止法官從事不適當政治活動的規定僅適用於「包括已經返聘的退休法官。但是不適用於留任的兼職法官、定期提供服務的兼職法官和短期的兼職法官」。[18] 又如英國《法官行為指引（草擬）》（Draft Guide to Judicial Conduct, England and Wales）認為法官一旦獲得任命，應放棄政黨黨籍。但該指引第 3.17 段說明這個做法不適用於「兼職法官」，「禁止參與政黨政治活動的限制並不適用於這類法官，但他必須考慮這些政治活動的性質及範圍會否在處理某宗案件

18 　美國《司法行為準則》第 5E 條「司法行為準則的運用」。

時予人不公平的觀感。非全職法官在私人執業時也可能與一些律師事務所、專業團體或其他團體有聯繫，而不適宜處理一宗與他們有關的案件。」[19] 這一點在英國《特委法官的聘任條件》中得到進一步明確：「特委法官不但無須放棄政黨黨籍，且明文准許參與政治活動。唯一的限制是，特委法官如同時身兼國會議員、國會議員候選人或地區議員時，不得在其選區支持裁判職務。」[20]

第二，區分憲法法院法官和一般法院法官，並予以不同的政黨身份限制。有的國家對憲法法院法官和一般法院法官的政黨身份進行不同的立法，對憲法法院法官的政黨身份予以嚴格限制，對一般法院法官的政黨身份只要求遵守司法獨立的一般原則。這一點在歐洲國家立法中比較普遍。歐洲國家法院幾乎將無黨派性作為確保憲法法官獨立品質的重要措施，普遍通過規範憲法法官職位的專任性和無黨派性來排除憲法法官正常事務受到的不必要干擾。[21] 例如 1991 年《保加利亞共和國憲法》第 147 條第 5 款規定，「憲法法院法官的身份與人民代表的委任，與擔任國家或社會職務，與政黨或工會組織成員的資格，與從事自由執業活動、商業或其他有報酬的執業活動不相容。」1991 年《馬其頓共和國憲法》第 111 條規定，「憲法法院的法官不能兼任其他公職、職業或成為政黨的成員。」1992 年《斯洛伐克共和國憲法》第 137 條第 1 款規定，「如果被任命的憲法法院法官是某個政黨或政治活動的成員，他／她必須在宣誓前放棄某成員資格。」1978 年《西班牙憲法》第 159 條第 4 款規定，「西班牙憲法法官不可兼任任何代表性職務、政治性或行政性職務、政黨或工會的領導職務

19　《司法獨立與結社自由：準則與平衡》，公民黨呈交 2006 年 6 月 26 日立法會司法及法律事務委員會的意見書，第 5 頁。

20　《司法獨立與結社自由：準則與平衡》，公民黨呈交 2006 年 6 月 26 日立法會司法及法律事務委員會的意見書，第 5 頁。

21　也有其他國家和地區採用這種做法，例如韓國《憲法法院法》第 9 條規定：「法官不得加入政黨，或參與政治」。

及為他們服務的其他職務、司法權最高委員會成員、現職司法和檢察工作以及任何職務性或商業性活動。」1929 年《奧地利聯邦憲法性法律》第 147 條第 4-5 款規定，「奧地利任何政黨的僱員或其他工作人員，聯邦政府或州政府成員、國民議會、聯邦議院及其他代議制機構的成員均不得被任命為憲法法院成員。」1990 年《匈牙利共和國憲法》第 32 條第 5 款規定，「憲法法院成員不能是政黨的成員，而且除了憲法法院權力範圍內的任務外不能進行政治活動。」1982 年《葡萄牙憲法法法院組織、工作和程序法》第 28 條規定，「葡萄牙憲法法院的法官不得在政黨組織、政治聯盟或者與政黨有關的基金組織中承擔義務，也不得捲入具有公共性質的任何政治或政黨活動之中。在任職期間，任何附屬於政黨或者政治聯盟的職位應當予以中止。」1994 年《關於俄羅斯聯邦憲法法院的聯邦憲法性法律》第 11 條第 4 款規定，「俄羅斯聯邦憲法法院的法官不得附屬於政黨及黨派團體，不得給予政黨以支持，參與政黨活動，從事政治宣傳或者鼓動，參與政府機構及地方自治政府機構的競選，出席政黨及黨派團體的會議，從事其他政治活動。」

　　回顧和總結國際社會有關法官政黨身份限制的立法，可以看出，是否限制法官的政黨身份以及如何限制法官的政黨身份並沒有一個統一的、被廣泛認可的標準。國家基於本國的實際情況和不同的考慮對法官政黨身份問題採取不同的立法，但是，無論是允許法官加入政黨從事政黨活動，還是完全禁止法官的政黨身份和政黨活動，或者是區分法官的政黨身份和參與政治活動，或者區分全職法官和非全職法官、區分憲法法院法官和一般法院法官，對其政黨身份予以不同的限制，這些不同的立法模式都建立在一個最基本的立場上，即法官的政黨身份不應對司法獨立原則構成違背。司法獨立原則是調整和約束法官政黨身份的最根本準則，限制還是尊重法官政黨身份都以法官的行為不得損害司法職位的尊嚴和司法獨立公正為基準。就此而言，規

範非全職香港法官政黨身份問題也應遵守相同的出發點。香港基本法和現行有效的香港法律雖然沒有對法官政黨身份問題做任何直接的規制，但是香港基本法中獨立司法權的規定以及有關司法獨立的要求是規範法官政黨身份的基本標準，禁止還是反對香港非全職法官政黨身份的一切立法和指引均應以此為基準。

（二）香港特區非全職法官政治行為的規範模式

在香港基本法和香港本地條例、普通法僅僅規定調整非全職法官政黨身份基本原則，但並沒有就非全職法官政黨身份規範予以明確和針對性調整的情況下，香港終審法院就所非全職法官的政黨身份問題，於 2006 年發佈了《關於非全職法官及參與政治活動的指引》，引導非全職法官的政治行為。

2006 年香港終審法院《關於非全職法官及參與政治活動的指引》對非全職法官政黨身份的調整採用區分制的立法模式：對於非全職法官，區分政黨身份和參與政治活動，允許非全職法官成為政黨的成員，但是不允許非全職法官積極參與政治活動。根據 2006 年指引，香港法院既承認非全職法官作為市民享有結社的自由，同時也認為「要維持司法獨立和司法公正，並使司法的獨立性和公正性有目共睹，對這些自由施加某些限制是必需的。至於限制的程度應以相稱原則為依歸。」[22]

1. 司法獨立和司法公正是規範非全職法官結社自由的基本原則。2006 年指引明確地把維護司法獨立和司法公正作為規範非全職法官行為包括政黨身份的基本原則。允許非全職法官成為政黨成員，還是限制或禁止非全職法官成為政黨成員，均以衡量非全職法官的政黨身份是否影響司法獨立和司法公正為基本出發點。

22　香港終審法院《關於非全職法官及參與政治活動的指引》第 3 條。

2. 適當標準是判斷非全職法官政黨身份是否違反司法獨立和司法公正的細化規則。司法獨立和司法公正作為判斷非全職法官政黨身份的基本原則無疑比較抽象，在香港基本法沒有對此予以細化規定的情況下，香港終審法院指引採用了「適當標準」作為判斷非全職法官政黨身份及從事政治活動的可操作標準。適當標準指「社會上一個明理的、不存偏見、熟知情況的人是否認為有關的行為會影響司法獨立或司法公正」，應用這一標準時，「將以香港當時的普遍情況作為參考的基礎」。[23]

3. 針對非全職法官的政黨身份和參與政治活動，建立區分制的規範模式。對於非全職法官，區分政黨身份和參與政治活動，允許非全職法官成為政黨的成員，但是不允許非全職法官積極參與政治活動。香港終審法院指引認為，非全職法官雖然也行使審判權，但是「非全職法官只在有限的期間聆訊案件，其全職工作是執業律師」，[24] 而且非全職法官聆訊的案件類型有所限制，「司法覆核案件不會編排予非全職法官處理」，[25] 因此，對非全職法官的政黨身份的限制應該和全職法官有所不同。

4. 重申案件編排制度和取消法官聆訊資格的制度，以避免非全職法官政黨身份對司法獨立和司法公正可能造成的影響。前已述及，香港基本法雖沒有對非全職法官政黨身份問題做明確規範，但是香港基本法對法官選任、法官任職以及法官免職三個不同階段的相關規定均維護和貫徹了司法獨立原則。在對非全職法官政黨身份採用區分制模式的情況下，如何防止非全職法官政黨身份對司法獨立和司法公正可能造成的影響，香港終審法院指引重申了兩個方面的制度：其一，案件編排制度，強調參與政治組織的非全職法官不得聆訊司法覆核案

23　香港終審法院《關於非全職法官及參與政治活動的指引》第 2 條。

24　香港終審法院《關於非全職法官及參與政治活動的指引》第 3（d）條。

25　香港終審法院《關於非全職法官及參與政治活動的指引》第 3(c) 條。

件；其二，重申非全職法官的取消法官聆訊資格制度，「法官應在什麼情況下取消自己在某一案件的聆訊資格的普通法原則，同樣適用於全職法官和非全職法官。」[26] 根據普通法，以下三種情況需要取消非全職法官聆訊的資格：法官實際上存在偏頗（實際偏頗）；在某些情況下，法官被推定為存在偏頗，因而必須自動取消聆訊的資格（推定偏頗）；某些情況令人覺得法官表面上存在偏頗（表面偏頗）。[27]

（三）對區分制立法模式的觀察

非全職法官政黨身份規範是一個既涉及法官結社自由權，也涉及獨立司法權行使的重要問題。香港基本法一方面肯定了公民的結社自由權，另一方面授予香港特區獨立司法權並要求法院獨立進行審判，不受任何干涉。在平衡這兩項權力時，香港基本法允許依法對結社自由權加以必需的限制，從而進一步強調對獨立司法權和法院獨立進行審判不受任何干涉這一基本原則的維護。也就是說，允許法官享有結社自由權應以不影響香港基本法確定的獨立司法權和法官獨立審判不受任何干涉原則為前提。

從香港終審法院的指引內容看，顯然，香港終審法院也是承認香港基本法的這一基本立場的。香港終審法院的指引承認非全職法官「作為市民都享有權利和自由，包括結社自由」，[28] 同時也認為「維持司法獨立和司法公正，並使司法的獨立性和公正性有目共睹是至為重要的。這對於確保公眾人士對司法機構及法官執行司法工作的信心是不可或缺的」。[29] 一旦這兩項權利之間發生衝突時，香港終審法院首先認為「要維護司法獨立和司法公正，並使司法的獨立性和公正性有

26　香港終審法院《關於非全職法官及參與政治活動的指引》第 3（b）條。
27　香港終審法院《法官行為指引》第 39 條。
28　香港終審法院《關於非全職法官及參與政治活動的指引》第 3（a）條。
29　香港終審法院《關於非全職法官及參與政治活動的指引》第 1 條。

目共睹，對這些自由施加某些限制是必需的。」[30] 也就是說，非全職法官作為履行司法職責和行使審判權力的主體，其不同於一般的香港居民，非全職法官作為市民所享有的結社自由權在其履行司法職責時應該受到相應的限制。因此，為維護司法獨立和司法公正，有必要對非全職法官的結社自由權做相應的限制。

為此，2006年香港終審法院《關於非全職法官及參與政治活動的指引》立足於全職法官與非全職法官的區別，對非全職法官政黨身份問題採用區分制的立法模式，允許非全職法官成為政黨成員，但不允許非全職法官較積極參與政治活動，並試圖通過界定何為較積極參與政治活動，以及藉助普通法中有關取消法官聆訊資格的規定，以在維護司法獨立和維護結社自由之間取得平衡。

1. 在形式上，指引作為內部指導文件，缺乏法律強制力

雖然香港終審法院的內部指引對司法人員具有一定的約束力，但是就法律淵源而言，指引畢竟不屬於任何性質的香港法律，不具有法律的效力和強制力，而屬於司法機構對法官的道德要求，依賴於法官的內心道德和自覺遵守。因此，指引雖然明確指出非全職法官「不僅為政黨成員，還積極參與政治活動，便很可能不獲接受」。但如果出現非全職法官違反指引，不僅成為政黨成員，還積極參與政治活動時應如何處理，指引顯然缺乏對應的規制方法和解決措施，將可能影響指引的實施效果。

2. 在內容上，指引有關規定模糊和不明確，欠缺相關程序條款

（1）判斷非全職法官「積極參與」政黨活動的標準。指引反對非全職法官積極參與政黨的活動。如何判斷哪些政黨活動屬於「積極參與」，哪些政黨活動不屬於「積極參與」，指引一方面以列舉的方式舉例說明，「例如出任政黨內的職位、作為黨內委員會的成員、作為

30　香港終審法院《關於非全職法官及參與政治活動的指引》第 3 條。

政黨的發言人、參與政黨的籌款或招募成員活動等」。「等」字的採用表示還應該包括一切與前述活動有著相同效果或影響的政治活動，那麼，這些政治活動還可能包括哪些活動，這是一個模糊的空間。另一方面，指引規定了判斷非全職法官參與政治活動的「適當標準」，即以「社會上一個明理的、不存偏見、熟知情況的人會否認為有關的行為會影響司法獨立或司法公正」作為考慮非全職法官參與政治活動是否適當的判斷標準，而應用這一標準時，「將以香港當時的普遍情況作為參考的基礎」。[31] 顯然，這也是一個非常模糊和不確定的標準。

（2）規範非全職法官參與政治活動的程序條款。對於非全職法官積極參與政治活動的規定，指引也承認「不能涵蓋所有的情況，實際上也難以將能夠接受和不能夠接受的政治活動詳盡無疑地逐一列述。在這方面很可能存在著一些灰色地帶」。對於灰色地帶問題應如何處理，指引認為：「如擬就所參與政治活動的模式是否會被視為與非全職司法職位相抵觸一事尋求指引，應予有關法院領導商討，而法院領導會在情況需要時諮詢終審法院首席法官」。按照指引的這一規定，非全職法官參與政治活動的行為是不需要向司法機構申報或者備案的，所參與的政治活動是否可能與司法職位相抵觸，即是否可能屬於「積極參與」，非全職法官有權自己判斷。只有在非全職法官自己也無法確定時，非全職法官才需要與法院領導商討，法院領導如果認為情況特殊的，需要諮詢終審法院首席法官的意見。指引所建立起來的這一套程序條款至少仍需明確以下問題：非全職法官在遴選時，是否需要向司法機構申報自己的政黨身份；非全職法官的政黨身份是否會影響遴選結果；非全職法官任職期間參與政治活動不需要申報的制度是否合理；非全職法官自己判斷所參與政治活動與出任的司法職位是否相抵觸的規定是否合適。與此同時，如果要求非全職法官就參與

31　香港終審法院《關於非全職法官及參與政治活動的指引》第 2 條。

政治活動的事宜均需要向司法機構申報的話，指引卻沒有建立起一套如何申報、申報的時間、向誰申報、申報的效力以及沒有申報的法律後果的程序規範。顯然，指引欠缺有關規範非全職法官參與政治活動的程序性條款，這可能使得指引反對非全職法官積極參與政治活動的規定流於形式。

3. 在外部環境上，非全職法官遴選程序和委任情況相對封閉，缺乏外部監督

在香港的司法系統中，非全職法官是一個相對封閉的群體。香港司法機構公佈的法官名單中，僅僅列出了香港終審法院高等法院原訟庭特委法官和土地審裁處特委裁判官的名單，對於廣泛存在於香港高等法院、區域法院、土地裁判處、裁判法院等司法機構的暫委法官名單沒有一併向社會公佈。而且，在非全職法官的遴選程序中，暫委法官的委任程序相對封閉，暫委法官直接由香港終審法院首席法官任命，無需經過司法人員推薦委員會推薦，這意味著暫委法官的委任缺少專業機構和行政權力的監督。非全職法官遴選程序和委任情況的相對封閉，使得對非全職法官參與政治活動的監督只能是在司法機構內部進行，難以形成對非全職法官參與政治活動的外部監督。在這種情況下，指引將非全職法官參與政治活動是否與司法職位相抵觸的判斷權交由非全職法官自己行使，且缺乏監督非全職法官參與政治活動的程序條款，因此，司法機構監督非全職法官參與政治活動的機制能否達到如期效果仍有待觀察。

4. 對全職法官和非全職法官政黨身份持不同態度，缺乏合理性

指引認為非全職法官只是在有限的期間聆訊案件，非全職法官的全職工作是執業律師，且司法覆核案件不會編排給非全職法官處理，因此對全職法官和非全職法官的政黨身份採用了不同的立場。非全職法官雖然是兼職法官，但是非全職法官在行使案件的審判權時，其和全職法官一樣都是行使香港基本法授予香港特別行政區的司法

權，無論聆訊的是司法覆核案件還是其他案件，法官在行使司法權時都應該獨立進行，不受干涉。如果全職法官的政黨身份可能影響到司法權的獨立性，那麼非全職法官的政黨身份也一樣可能影響到其聆訊的案件的司法獨立和司法公正。判斷法官是否可以加入政黨以及從事政治活動的基本標準是不影響司法獨立和司法公正，這一原則適用於行使司法權的主體，無論其是全職法官還是非全職法官，也無論聆訊的案件是司法覆核案件還是非司法覆核案件。因此，僅以全職法官和非全職法官的在職時間和案件聆訊類型不同，指引對全職法官和非全職法官的政黨身份持不同的立法和態度，其合理性仍可商榷。

5. 普通法有關取消法官聆訊資格的制度不能完全避免非全職法官政黨身份對司法獨立和公正可能造成的影響

就避免非全職法官政黨身份對司法獨立和司法公正可能造成的影響而言，普通法上的取消法官聆訊制度至少存在以下兩個方面的缺陷：一是判斷標準含糊。根據普通法上的制度，需要取消法官聆訊資格的情況主要有三種：實際偏頗、推動偏頗和表面偏頗，其中取消法官聆訊資格的大多數情況是法官出現表面偏頗的情況。按照普通法，表面偏頗指的是在有關情況下，一個明理、不存偏見、熟知情況的旁觀者的結論是，法官有偏頗的實在可能。這顯然是一個非常含糊的判斷標準。二是裁判的主體是被申請取消聆訊資格的法官本身。根據普通法上的制度，對於是否出現表面偏頗的問題，以及如果確實出現表面偏頗的問題時，法官可以徵詢其他法官或者法院的意見，但是法官有著最終的責任決定自己的聆訊資格是否需要取消。如果法官認為自己無須取消自己的聆訊資格的，法官應該繼續聆訊該案。也就是說，被申請取消聆訊資格的法官享有決定自己是否屬於取消聆訊資格的情形以及自己是否應該取消聆訊資格的權力。可見，普通法上的取消法官聆訊制度不能確保有政黨或政治傾向的法官迴避對案件的審理。

綜上，非全職法官政黨身份問題是一個涉及平衡司法獨立以及

結社自由權的重要問題。如何在這兩者之間取得有效平衡是規範非全職法官政黨身份的基本出發點。雖然國際條約多肯定結社自由權在一定條件下可以受到相應限制，但各國對於如何規範法官的政黨身份仍沒有一致性的認識，不同國家有關法官政黨身份的立法模式並不相同。有的國家只規定司法獨立的基本原則，但沒有就法官政黨身份問題予以明確規範；有的國家全面禁止法官的政黨身份；有的國家採用區分制的模式，區分法官的政黨身份和政治活動、區分全職法官和非全職法官、區分憲法法院法官和一般法院法官從而予以不同的限制。香港終審法院借鑒區分制的立法模式，在 2006 年發佈的指引中，對非全職法官的政黨身份和政治活動予以不同的立法限制，允許非全職法官加入政黨，但禁止非全職法官積極參與政治活動。然而，2006 年指引在具體執行中，也可能存在多方面的問題。在規範形式上，作為內部指導文件，指引欠缺法律效力；在內容上，指引的有關規定較為模糊和不明確，缺乏相關程序條款；在外部環境方面，缺少對非全職法官政黨身份的外部監督制度；在應對方法上，即使是借助案件編排制度和普通法上的取消聆訊資格制度，也無法完全避免非全職法官政黨身份對司法獨立和司法公正可能造成的影響。因此，香港終審法院以指引的形式，採取區分制的規範模式分別規範全職法官和非全職法官的政黨身份，能否達到預期的實施效果，仍有待後續觀察。

第三節

香港特區非全職法官政黨身份的可能影響

◇◇◇

一、政黨重視及介入法官委任的原因

傳統意義上，法院只是一個解決糾紛的場所。而且，法院對於糾紛的解決呈現被動性的特徵。「從性質上來說，司法權自身不是主動的。要想使它行動，就得推動它。向它告發一個犯罪案件，它就懲罰犯罪的人；請它糾正一個非法行為，它就加以糾正；讓它審查一項法案，它就予以解釋。但是，它不能自己去追捕罪犯、調查非法行為和糾察事實。」[1] 司法權的被動性決定了司法部門是最小危險部門。正如漢密爾頓所指出的：「司法部門既無軍權、又無財權，沒有支配社會的力量與財富，不能採取任何主動的行動。故可以斷言：司法部門既無強制又無意志，而只有判斷；而且為實施其判斷亦需借助於行政部門的力量。」[2] 因此，傳統觀念認為，在構成國家橫向權力體系的立法權、行政權和司法權中，「司法機關為分立的三權中最弱的一個」。[3]

1　【法】托克維爾著，董果良譯：《論美國的民主（上卷）》，北京：商務印書館 1993 年版，第 110 頁。

2　【美】漢密爾頓、傑伊、麥迪遜著，程逢如、在漢、舒遜譯：《聯邦黨人文集》，北京：商務印書館 1980 年版，第 391 頁。

3　【美】漢密爾頓、傑伊、麥迪遜著，程逢如、在漢、舒遜譯：《聯邦黨人文集》，北京：商務印書館 1980 年版，第 390-391 頁。

但是，到近代社會，司法權作為最弱的權力這一現象逐步發生了變化。這集中體現在法院功能的轉變上。除了傳統的司法功能之外，現代法院已經成為一個同時承擔著政治功能包括（權力制約功能、公共政策形成功能、立法功能以及政治糾紛解決功能）的重要政治機構。其中，法院的權力制約功能主要通過司法審查（違憲審查）制度來行使，通過這一制度，法院對行政機構的行政行為和立法機構的立法行為予以制衡，防止行政權力和立法權力的膨脹和濫用，從而實現三權分立與制衡，達到以權力約束權力的目標。「當違憲審查權交諸法院行使時，法院的地位便大大提升。如果說法院的傳統地位僅是糾紛解決機關，那麼違憲審查功能便使法院上升為政治機構，且獲得一種對行政、立法機關特別是對立法機關的俯視地位，因為僅僅依據憲法來審查法律，便使得以司法為準則的法院獲得一種在傳統體制下難以想像的地位」。[4] 公共政策功能使法院參與到對公共政策的制定或者推動公共政策的形成中，從而在現有的權力空間內實現對國家和社會的政治控制。「現代司法功能的一個顯著特點，就是它不僅在私法領域，更重要的是在規範社會與國家、公民與政府關係的公法領域獲得了引人注目的發展。」[5] 立法功能在判例法國家和法院具有法律解釋權尤其是憲法解釋權的國家表現特別突出。在這些國家中，採用遵循先例的原則，法院的判決具有法律約束力，法院可以通過判決推翻舊法和創制新法，也可以通過司法解釋來修正立法，法官「可以將法律變活」。[6] 政治糾紛解決功能使得「在相當多的國家中，法院在事實上成為強有力的政治機構，（最高）法院作為政治機構的角色和意

4　左衛民、周長軍：《變遷與改革：法院制度現代化研究》，北京：法律出版社 2000 年版，第 98 頁。

5　龐凌：〈法院政治功能的學理疏釋〉，《法律科學》2003 年第 4 期，第 30 頁。

6　【美】麥克斯·J·斯基德摩、【美】馬歇爾·卡特·特里普著：《美國政府簡介》，北京：中國經濟出版社 1998 年版，第 284 頁。

義也漸為理解」。[7]「作為政治競賽參與者的最高法院——現在應該明確，是一個通過解釋法律而制定全國政策的政治組織。通過對提交給它的案件實施憲法的規定，最高法院明確地作出了政治選擇。通過對國家政策中有爭議的問題作出裁決，最高法院參與了政治活動。它們的程序可能是法律程序，裁決用的可能是律師的語言，但是僅僅將最高法院看成是一個法律機構就是忽略了它的政治作用。」[8]

　　司法功能的轉變使得司法權成為與立法權和行政權並重的重要政治權力，法院成為政黨不得不關注的力量和機構。基於司法獨立原則，政黨必須遠離司法運作過程，以避免妨礙司法公正之嫌。「對於司法過程的具體運作、程序細節處理以及個案的裁判，政黨一般都採取敬而遠之的態度，並以此欲在整個社會營造一個獨立公正的司法空間。」[9]但是，司法權作為國家政治權力中的一個重要分支，不可能完全擺脫政黨政治的影響。為了避免對司法獨立原則的破壞，政黨對司法權的影響並不直接體現在具體的司法程序進行過程中，而是通過在司法程序啟動之前對法官任命，以及司法程序終結後對法官的監督來實現政黨對司法的影響力。「政黨僅通過其在人事任免和彈劾程序中的作用對司法保持一種制度上的張力就夠了。」[10]其中，司法程序啟動之前對法官任命的介入和影響，因其有助於在將來影響政治衝突和社會問題的司法態度，為政黨爭取有利的局面更為備受關注。因此，政黨重視並影響法官任命已經成為一個不能否認無法迴避的現實。在某種程度上，法官的委任已經成為政治委任制度中的一個部分。

7　John R. Schmidhauser, *Comparative Judicial System: Challenging Frontiers in Conceptual and Empirical Analysis* (London: Butter Workths, 1987).

8　【美】沃塞曼著，陸震綸等譯：《美國政治基礎》，北京：中國社會科學出版社 1994 年版，第 121 頁。

9　封麗霞：〈政黨與司法：關聯與距離——對美國司法獨立的另一種解讀〉，《中外法學》2005 年第 4 期，第 416 頁。

10　程竹汝：《司法改革與政治發展》，北京：中國社會科學出版社 2001 年版，第 309 頁。

▌二、香港特區非全職法官政黨身份的可能影響

1. 非全職法官遴選程序

根據香港基本法和香港法例，香港特委法官和暫委法官有著不同的遴選程序。

（1）特委法官的任免程序。特委法官的任免程序是根據香港基本法和《高等法院條例》的規定，由行政長官直接根據司法人員推薦委員會的推薦任免。依此任命程序任命的非全職法官包括高等法院原訟法庭特委法官和裁判法院特委裁判官。

影響特委法官選任的力量主要是香港終審法院首席法官和行政長官。一方面，行政長官通過選擇和委任司法人員推薦委員會委員，可間接影響特委法官選任。香港司法人員推薦委員會共有九名成員，行政長官有權委任其中七名委員；[11] 司法人員推薦委員會的表決規則中，如果有三票反對，則委員會的決議不能通過。由於行政長官委任的非法律界人士有三名，此外，律師界委員是兩名，法官兩名（首席法官除外），此時，單純的律師界或者單純的司法界反對相關候選人也不影響決議的通過，因此行政權力在委員會的表決程序上具有相當的優勢。行政長官通過選擇和委任推薦委員會委員（尤其是三名非法律界人士），並借助推薦委員會當前的表決機制，間接地對特委法官遴選發揮影響力。另一方面，香港終審法院首席法官對特委法官推薦，尤其是特委法官候選人的遴選具有不可低估的影響力。雖然終審法院首席法官並沒有出現在特委法官任命的程序中，但是香港終審法院首席法官也可能對特委法官的委任產生一定的影響力，這主要體現在司法人員推薦委員會上。香港終審法院首席法官是該委員會的當然

11　《司法人員推薦委員會條例》第 3 條。司法人員推薦委員會委員包括終審法院首席法官、律政司司長以及行政長官委任的七名委員（包括兩名法官，一名律師，一名大律師，行政長官認為與法律執業完全無關的人士三名）。

委員，同時擔任委員會主席。雖然首席法官在委員會決議投票上並不擁有超越其他委員的投票權，但作為主席，其對於特委法官推薦尤其是特委法官候選人的遴選具有不可低估的影響力。

（2）暫委法官的任免程序。暫委法官的任命是根據有關條例，直接由香港終審法院首席法官任命。適用該程序的非全職法官包括高等法院原訟法庭暫委法官、暫委司法常務官、暫委高級副司法常務官、暫委副司法常務官和暫委助理副司法常務官、區域法院暫委法官、暫委司法常務官、暫委副司法常務官和暫委助理司法常務官、裁判法院暫委裁判官、土地審裁處委員、勞資審裁處暫委審裁官、小額錢債處暫委審裁官和死因裁判法庭暫委死因裁判官。

由於暫委法官任命無須經過司法人員推薦委員會的推薦，也無須行政長官的任命或立法會的同意，香港終審法院首席法官根據自己的意願和崗位的設置需要單獨直接任命暫委法官。因此，終審法院首席法官將對暫委法官的選任產生直接和全面的影響。

2. 司法權的爭奪

「特區的政治體制，從香港基本法的設計來看，是一種以行政長官為首的行政主導機制。」[12] 按照這一政治體制的設計，香港將在行政主導體制下，實現司法獨立、行政與立法相互制約相互配合。其中，行政對司法有一定的制約作用，表現在行政長官有權依照法定程序任免各級法院官員，行政長官有赦免或減輕刑事罪犯刑罰的權力。立法對司法也有一定的制約作用，表現為立法會有權制定、修改和廢除法律，同意終審法院法官和高等法院首席法官的任免。與此同時，司法獨立，特區法院獨立進行審判，不受任何干涉，司法人員履行審判職責的行為不受法律追究。香港回歸後，一系列事件表明，香港特區司法權正逐步強大，並形成對立法權和行政權的制約。

---

12 香港特區政制專責小組編：《政制發展專責小組第二號報告書：〈基本法〉中有關政制發展的原則問題》，2004 年 4 月，第 37 頁。

首先，司法權頻繁介入政治事件的處理。由於香港基本法所確定的政治體制中更多關注立法與行政兩機關的分權和制衡，從而製造了更多由司法介入行政和立法兩機關的糾紛的機會。[13] 例如，香港基本法第49條規定，行政長官可以以立法會通過的法案不符合香港特別行政區的整體利益為由，將法案發回立法會重議，此中的「整體利益」應如何理解；香港基本法第50條規定行政長官可以以立法會拒絕通過政府提出的重要法案為理由解散立法會，如何判斷是否為「重要法案」；香港基本法第74條對於立法會議員提出涉及政府體制、政府運作和政府政策的議案的權力作出限制，對於其中政府體制、政府運作或政府政策等詞語，也有可能訴諸法院。香港回歸後的司法實踐也印證了這一點。香港回歸後，行政與立法的爭執不休，反對派尤其喜歡邀請法院去釐清行政與立法之間的權限或者香港政治體制是否「合憲」等議題，造就了司法機關介入政治的機會。例如臨時立法會是否違反香港基本法；功能團體選擇方式是否違反國際人權準則；行政長官發出的行政命令是否合法；立法會議員對政府法案的修正案限制等等。[14] 不僅如此，司法還介入行政和立法各自內部事項的爭議。例如最近2009年8月的鄭家純案就是對立法機關根據香港基本法第73條第10項傳召證人出席作證和提供證據的立法是否符合基本法的司法覆核請求；又如對立法會根據香港基本法第75條自行制定的立法會議事規則是否合憲的爭議；又如對特區政府入境人口進出管理制度的違反基本法審查等等。

其次，香港法院曾通過自設違反香港基本法審查權，逐步實現對立法權和行政權的制衡。香港基本法沒有授予香港法院根據香港基本法對香港法律進行違反香港基本法的審查權。香港終審法院在吳嘉玲等案中自設違反香港基本法審查權，對特區立法和行政行為進行

---

13 陳弘毅：〈香港回歸的法學反思〉，《法學家》1999年第5期，第61頁。
14 劉兆佳：〈回歸後香港的新政治遊戲規則與特區的管治〉，《港澳研究》2009年春季號，第16頁。

合乎香港基本法的司法審查，使得司法權構成對行政和立法權的制衡。就司法與立法關係而言，立法機關制定的任何法律都受制於法院的合乎香港基本法審查，特區法院有權宣告立法機關制定的法律因違反香港基本法而無效，法院已不僅僅是簡單的法律執行者，更是立法的監督者，特區法院在判決中對法律條文進行修正用語，增刪條文內容，[15] 甚至為立法修改或創造新條例設定時間，[16] 法院儼如立法的指導者和執行者，在實際上起到了修改法律和直接立法的作用。就司法與行政關係而言，由於特區政府對立法有主導性作用，法院對特區立法的違反香港基本法審查等於間接否定了政府通過立法事項和行政行為所要表達的意願和政策。甚至，法院在特定的範圍內取代了行政長官被授權行使一定的職權。例如根據法院在古思堯案中的違反基本法審查裁決，2006 年 8 月香港《截取通訊及監察條例》生效，根據該條例，所有截取通訊行為和侵擾程度較高的秘密監察行動必須得到其中一位小組法官的授權。依此，法官取代行政長官被授權決定是否採取截取通訊秘密行動。[17]

15　例如在吳嘉玲、張麗華和徐權能居留權案中，終審法院在裁決《入境條例》附表 1 相關條款違憲的同時，還對法條內容作出了刪除裁定：「我等宣告以下部分的《入境條例及規例》乃屬無效，並從該條例或規例中刪除：（a）第 2A（1）條的『在不抵觸第 2AA（2）條的條文下』這句。（b）第 2AA（1）（a）條的條文，以下字句除外：『（1）任何人作為附表 1 第 2（c）段所指的香港特別行政區永久性居民的身分，只可藉其持有以下文件確立（a）發予他的有效居留權證明書』。（c）第 53D（3）（a）條的條文，以下字句除外：『（a）發予他的有效居留權證明書。』（d）《入境規例》附表 1 內的居留權證明書表格 12 內第二句句子，即：『本證明書必須附貼於本證明書持有人的有效旅行證件上，方為有效。』（2）我等宣告在 1997 年 7 月 16 日刊登於憲報，日期為 1997 年 7 月 11 日（1997 年憲報第（E）21 號）的公告內的第 A（1）段及第 B 段為無效，並從『該公告』中刪除。（3）我等宣告『第 3 號條例』第 1（2）條為無效，並從該條例中刪除。」參見吳嘉玲吳丹丹訴入境事務處處長案，FACV 14/1998；徐權能訴入境事務處處長案，FACV 15/1998；入境事務處處長訴張麗華案，FACV 16/1998。

16　2006 年的古思堯案件，法院不但宣佈香港條例和行政命令「違憲」，還為當局創制補救條例設定了時間：「從 2006 年 2 月 9 日一審法院作出之日起，給予政府六個月時間修改法例，在這六個月時間那，上述行政命令和法例仍可執行，但過了 2006 年 8 月 9 日，上述行政命令和法例則被宣佈無效，不得繼續執行」。此後 2006 年 8 月，《截取通訊及監察條例》生效。參見古思堯及另一人對香港特別行政區行政長官案，[2006] 3 HKLRD 455。

17　程潔：〈香港憲制發展與行政主導機制〉，載全國人大港澳基本法委員會研究室主編：《香港基本法、澳門基本法研討會論文集》，2008 年 11 月，第 315 頁。

司法對立法和行政的違反基本法審查使得立法權和行政權日益被動，對特區政府和立法會的運作可能造成一定的衝擊，可能影響民眾對於特區政府的管治能力和立法機構的立法威信的信心。有些判決還留給香港政府和社會一系列棘手的社會問題和後果。正如香港法院居留權案判決後，「根據終審法院的解釋，內地新增擁有香港居留權資格的人士至少 167 萬，吸收這些新移民將為香港帶來巨大壓力，香港的土地和社會資源根本無法應付大量新移民在教育、房屋、醫療衛生、社會福利及其他方面的需要，因此引發的社會問題和後果將嚴重影響香港的穩定和繁榮，是香港無法承受的」。[18]

再次，政治組織和社會民眾也頻繁借助司法權實現自己的政治訴求。在形式上，香港基本法作為成文憲法性法律，條文簡單，概括性強，適用時更多需要進行解釋；在內容上，香港基本法不僅規範政治體制，更詳細列出居民的權利和義務，增加了很多有關居民個人權利和自由的條款，規定了很多經濟和社會事務政策，以及明確保護某些類型的人士的權益，這些具體化的規定均有可能被援引作為請求香港法院進行違反香港基本法審查的根據。香港回歸後，香港法院違反香港基本法審查的司法實踐也印證了這一點。香港終審法院首席法官李國能法官曾指出：「自 1997 年以來，不少《香港基本法》的條文，包括關乎個人權利，如言論自由、集會自由、以及牽涉財產和經濟利益的條文，都曾在司法覆核案件中考慮過。不少案件關乎對個人權利加限制是否有效的議題。」[19] 對香港市民來說，違反香港基本法審查成為保障自身權利的非常有效的辦法，即使審查敗訴，也可以有效延誤政府的施政。

在司法權逐步強大並構成對立法權和行政權制約的同時，立法

---

18 董建華：《關於提請中央人民政府協助解決實施〈中華人民共和國香港特別行政區基本法〉有關條款所遇問題的報告》，1999 年 5 月 20 日。

19 香港終審法院首席法官李國能在 2008 年 12 月 10 舉行的「有效的司法覆核：良好管治的基石」會議上的演辭。

和行政缺乏對司法的實質性制約。香港基本法明確特區享有獨立的司法權和終審權,給予了司法超然的地位。雖然香港基本法也規定了行政和立法權力可以介入法官選任,以通過強化行政與立法權力在法官任命中的權重,形成行政和立法對司法的制約。但是這些權力的行使由於受到法官任免中的推薦和審議等前置程序的制衡,更多的是形式上的制約,很難真正在實質上起到制約司法權的作用。而且,香港所保留的普通法不僅是保留普通法的法律規則,而且保留了普通法的規則創造體系(法官造法)、規則傳承體系(遵循先例)和司法審判制度。獨立的司法權和終審權以及法官任職的終身制,使得司法機關幾乎不受香港行政和立法的影響,普通法獨特的造法功能更使得司法成為一個獨立的自我封閉、自我運作的系統,切斷了行政和立法制約司法權的可能性。缺乏三權制衡的基礎和制度,司法機構高調和積極行使違反基本法審查權,這必然造成司法權超越行政和立法權。

由此,立法和行政部門在政治上與法律上對司法機構基本沒有制約力。但是香港法院自設的對立法會立法是否抵觸香港基本法的審查權以及香港法院根據普通法享有的對特區行政部門行政行為是否抵觸違法的審查權,無形中形成了「司法對行政和和立法的單項制約關係」[20]。司法權制約立法權和行政權的現實偏離了香港基本法所確認的行政主導模式。司法權對社會和政治的影響日益重要,並成為一支重要的政治力量,這必定使得爭奪司法權成為政黨和政治組織的重要目標。出於對司法獨立的尊重,政黨和政治組織對司法權的介入也必定著重體現在法官的委任方面,非全職法官政黨身份也提供了這一可能。香港終審法院指引中對於非全職法官政黨身份採用區分制模式,允許非全職法官成為政治組織成員,因此,在未來香港非全職法官的委任過程中,政黨身份因素對非全職法官的影響可能是顯性的,將可

---

20 程潔:〈雙軌政治下的香港司法權〉,《港澳研究》2006年冬季號,第50頁。

能體現為政黨對本組織成員從事非全職法官工作的支持或者政黨爭取非全職法官加入政治組織。

三、完善香港特區非全職法官政黨身份制度

香港終審法院指引中允許非全職法官加入政黨，雖然非全職法官並不是香港特區法官隊伍的主體，非全職法官聆訊的案件也不包括司法覆核案件，因此，允許非全職法官加入政黨對於香港獨立司法權行使的影響可能相對有限。但是，由於非全職法官隊伍本身是一個相對封閉的體系，非全職法官尤其是暫委法官的任命程序比較不透明，同時，香港回歸以來司法權的高調行使，使得爭奪司法權成為政黨或政治組織不會迴避的重要目標。因此，應該重視非全職法官政黨身份可能造成的負面影響，完善相應的規範制度。

1. 強調香港基本法有關獨立司法權的規定，規範非全職法官的政黨身份。如前所述，香港基本法雖沒有全職法官與非全職法官的區分，但香港基本法對於行使香港獨立司法權的法官有著明確的行為規範要求，其中最重要的規定是香港基本法第 85 條：「香港特別行政區法院獨立進行審判，不受任何干涉。」非全職法官和全職法官作為行使香港司法權的主體，在司法管轄權、法官權力、特權等方面均行使相同的權力，在履行職責和行為規範方面，非全職法官也必須和全職法官履行相同的職責，遵守相同的行為規範，因此，非全職法官和全職法官均應該獨立進行審判，不受任何干涉。

2. 改革非全職法官尤其是暫委法官的選任程序，促進非全職法官的選任程序公開、透明並受到監督。根據香港基本法第 88 條的規定，「香港特別行政區的法官，根據當地法官和法律界及其他方面知名人士組成的獨立委員會推薦，由行政長官任命」。該條有關法官任命的規定顯然應該適用於香港特區法院的各級和各類法官（終審法院

法官和高等法院首席法官另有特殊的任命程序）。當前香港採用由香港特區終審法院首席法官自己任命暫委法官的做法，使得暫委法官的任免缺乏獨立的第三方的監督，完全取決於終審法院首席法官的個人意願。對此，應根據香港基本法的規定改革暫委法官的委任程序，即暫委法官的委任程序也應該採用由獨立委員會推薦，並由行政長官任命的程序。

　　3. 完善取消法官聆訊資格的制度和法官免職制度。一方面，在取消法官聆訊資格的制度方面，不應該賦予被質疑的法官自己決定是否應該取消對案件聆訊資格的權力。應該探索在法院內部建立相應的機構，由被質疑的法官之外的其他法官或司法人員組成，由該機構判斷被質疑法官是否出現應被取消聆訊資格的情形，並決定是否應該取消該法官的聆訊資格。另一方面，根據香港基本法第 89 條的規定，香港特別行政區法院的法官在無力履行職責或行為不檢的情況下可以被免職。對此，非全職法官政黨身份如果對案件聆訊造成司法不公時，應視為行為不檢，在必要的時候予以免職。

小結

　　現代社會中，由於法院職能的轉變，使得原來作為最小權力部門的司法權成為與立法權、行政權並重的一支重要政治力量。對司法權的重視正日益成為政黨和政治組織不可迴避也不容忽視的問題。基於司法獨立原則，政黨不能對司法過程施加不正當的影響，因為法官的政治傾向和司法哲學影響著法官對案件尤其是憲政案件的裁決。因此，從重視法官的委任開始，通過委任本黨派或者傾向本黨派政治傾向的法官將成為在日後間接影響司法裁決，從而取得有利於本黨派形勢的重要方式。法官的委任將成為一個充滿政治博弈的過程。香港回歸以來，香港法院通過自設違反香港基本法審查權，取得對立法機關制定的法律的審查權力，加上香港法院享有的對行政行為的審查權，無形之中，香港法院取得對立法行為和行政行為的審查資格。基於香港基本法的司法獨立原則，除了在部分法官委任程序中，立法和行政權力可能發生制衡作用之外，立法和行政缺乏對司法的有效制約。因此司法權在香港也日益成為一支影響憲政權力分配，政治事件處理，社會大眾和政治組織訴求實現的重要政治力量。重視司法權的行使、重視法官的委任也必將成為政黨和政治組織無法迴避的目標。

結　語

　　非全職法官制度是香港司法體制的重要構成部分。回歸前，香港修訂了當時香港的《最高法院條例》和《地方法院條例》，引入了特委法官和暫委法官制度。香港回歸後，根據基本法第 81 條規定，原在香港實行的司法體制，除因設立香港特區終審法院而發生變化外，予以保留，特委法官和暫委法官制度在回歸後得到了完整的保留，並得以進一步穩定發展。

　　引入特委法官和暫委法官制度是為了解決回歸前香港司法機構案件聆訊時間過長的問題，並同時為律師及其他法律從業人員提供體驗司法工作的機會，以便為未來的全職法官建立候選人隊伍。香港回歸後，特委法官和暫委法官制度的上述作用得以進一步發揮。在案件聆訊數量上，雖然特委法官和暫委法官審理的案件數量比較有限，但鑒於特委法官和暫委法官有限的人數和有限的工作時間，應該肯定其在一定程度上分擔了特區法院日益增加的案件聆訊工作。在構建法律職業共同體的職位流動路徑、建立全職法官候選人隊伍方面，特委法官和暫委法官制度發揮了非常重要的作用。有相當比例的特委法官和暫委法官隨後出任了原訟法庭或區域法院的全職法官，2015 年新公佈的香港司法機構法官名單中，終審法院首席法官和全部常任法官均出任過特委法官；77.1% 的高等法院法官擔任過特委法官或暫委法官；88% 的區域法院法官出任過原訟法庭暫委法官或區域法院暫委法官。可以說，特委法官和暫委法官制度自創建伊始，至今運作良好，並成功實現了當年制度設立的目標。

作為行使特區審判權力的非全職法官，立法明確規定特委法官和暫委法官具有並可行使同職位全職法官的司法管轄權、權力及特權，並具有也需履行同職位全職法官的所有職責，除非法律或委任條款另有規定。因此在法定和推定同權同責原則下，允許法定例外情形存在，成為處理特委法官和暫委法官與全職法官之間關係的基本原則。然而，在法律之外的司法實踐和規範指引層面，特委法官和暫委法官仍然與全職法官存在極大不同。一方面，司法機構在承認特委法官和暫委法官享有與全職法官同等司法管轄權、權力和特權的同時，在具體受理案件編排上，對特委法官和暫委法官是另有特殊考慮的，具體體現在有些案件類型從未也不會編排給特委法官和暫委法官受理。另一方面，在法官行為規範上，一般情況下，特委法官和暫委法官與全職法官遵守相同的行為規範，但涉及到法官參與政治活動時，司法機構的內部指引對全職法官和非全職法官予以區分，特委法官和暫委法官享有較為寬鬆的參與政治活動的空間。

立法應否介入以及以何種方式調整法官的政黨身份問題，在國際社會沒有一個統一的認識。無論是條約、無法律約束力的國際文件、憲法、成文法、判例法還是無法律約束力的行為指導等不同的調整形式，均取決於所在國家或地區的法制選擇。在非全職法官政黨身份規範形式的選擇上，香港特區採用在立法明確調整非全職法官政黨身份基本原則的基礎上，由香港終審法院通過內部指引的規範形式調整非全職法官政黨身份。雖然香港終審法院的指引沒有法律約束力，但是對非全職法官政黨身份進行制度化的指導和規範有助於實現司法公正，提高司法的透明度，仍然是一種法制的進步。

放開還是限制法官的政黨身份也不是一個在國際社會有著共識的問題。問題的核心是如何在維護司法獨立與法官結社自由權之間取得平衡。國際條約多肯定結社自由權在一定條件下可以受到相應限制，但各國對法官政黨身份問題仍然有著不同的立法模式。有的國家

只明確司法獨立原則，並以此作為在具體個案中具有政黨身份的法官是否應該迴避對案件審理的判斷標準；有的國家全面禁止法官的政黨身份問題；有的國家採用區分制，區分全職法官和非全職法官、憲法法官和普通法官、法官的政黨身份和政治活動，並分別予以不同的對待。無論何種立法態度，維護司法獨立、防止法官政黨身份影響司法獨立是一個普遍的立場。香港基本法雖然沒有專門針對非全職法官政黨身份予以明確規定，但是香港基本法有關維護獨立司法權和法院獨立進行審判不受任何干涉的規定，以及香港基本法有關結社自由權可依法予以限制的規定表明，非全職法官作為行使香港司法權的主體，必須遵守香港基本法有關獨立司法權和獨立進行審判不受任何干涉的基本原則，必須遵守香港基本法有關法官選任、法官任職和法官免職的相關行為規範的制約，出於維護獨立司法權和法院獨立進行審判不受任何干涉的需要，可以對非全職法官的結社自由權予以相應限制。香港終審法院的指引反對非全職法官較積極參與政治活動，在規範形式、規範內容、應對方法和外部監督制度等方面，仍需進一步明確相關制度。

現代社會中法院功能的轉化，司法權逐漸成為與立法權和行政權並重的一種重要政治力量，這使得對法官委任和司法裁決的重視成為政黨不可迴避的事項。基於司法獨立原則，政黨必須遠離司法裁判過程，因此，委任具有本黨身份或者本黨政治傾向的法官，以求在未來可以影響甚至左右隨時產生的政治衝突和社會問題的發展走勢，為本黨爭取有利的局面，成為政黨重視並介入法官選任的重要原因。香港回歸以來，司法權逐步強勢，司法權與立法權和行政權的相互制衡也成為政黨關注和介入法官選任的重要原因。香港非全職法官政黨身份問題正是這一現象的折射。

非全職法官與全職法官一樣，行使香港特區法院的審判權，那麼也應該履行同樣的職責，接受同樣的行為規範，以避免公眾對司法

公正和獨立的可能質疑。就此而言，強調香港基本法有關獨立司法權的規定，貫徹香港法中有關非全職法官選任、法官司法行為和法官免職的規範顯得更加重要。

參考文獻

▌一、著作

[1]　【法】托克維爾著，董果良譯：《論美國的民主（上卷）》，北京：商務印書館 1993
　　　年版。

[2]　【美】漢密爾頓、傑伊、麥迪遜等著，程逢如、在漢、舒遜譯：《聯邦黨人文集》，
　　　北京：商務印書館 1989 年版。

[3]　【美】麥克斯‧J‧斯基德摩，【美】馬歇爾‧卡特‧特里普著：《美國政府簡介》，
　　　北京：中國經濟出版社 1998 年版。

[4]　程竹汝：《司法改革與政治發展》，北京：中國社會科學出版社 2001 年版。

[5]　龔祥瑞：《西方國家司法制度》，北京：北京大學出版社 1993 年版。

[6]　韓蘇琳編譯：《美英德法四國司法制度概況》，北京：人民法院出版社 2008 年版。

[7]　尤韶華：《香港司法體制沿革》，北京：知識產權出版社 2012 年版。

[8]　最高人民法院中國應用法學研究所編：《美國法官制度與法院組織標準》，北京：
　　　人民法院出版社 2008 年版。

[9]　左衛民、周長軍：《變遷與改革：法院制度現代化研究》，北京：法律出版社 2000
　　　年版。

[10]　Henry R. Glick, *Courts, Politics and Justice* (New York: McGraw-Hill Book Company,
　　　1983).

[11]　John R. Schmidhauser, *Comparative Judicial System: Challenging Frontiers in Conceptual
　　　and Empirical Analysis* (London: Butter Workths, 1987).

▌二、論文

[1]　陳弘毅：〈香港回歸的法學反思〉，《法學家》1999 年第 5 期。

[2]　程潔：〈雙軌政治下的香港司法權〉，《港澳研究》2006 年冬季號。

[3] 程潔：〈香港憲制發展與行政主導機制〉，載全國人大港澳香港基本法委員會研究室主編：《香港基本法、澳門基本法研討會論文集》，2008 年 11 月版。

[4] 封麗霞：〈政黨與司法：關聯與距離——對美國司法獨立的另一種解讀〉，《中外法學》2005 年第 4 期。

[5] 劉兆佳：〈回歸後香港的新政治遊戲規則與特區的管治〉，《港澳研究》2009 年春季號。

[6] 龐凌：〈法院政治功能的學理疏釋〉，《法律科學》2003 年第 4 期。

[7] 許方中、普麗芬：〈基本法下的司法獨立〉，載《香港回歸十周年——香港基本法回顧與前瞻研討會論文集》，2007 年版。

▌三、報刊及檔案

[1] 〈法官加入政黨損害司法獨立〉，《文匯報》2006 年 5 月 25 日，A02 版。

[2] 〈公民黨「死撐」社會人士嚴責〉，《文匯報》2006 年 6 月 26 日，A05 版。

[3] 〈兼職法官不限制入黨〉，《信報財經新聞》2006 年 7 月 25 日，P06 版。

[4] 〈李國能發指引偏幫公民黨，非全職法官入黨損司法獨立〉，《太陽報》2006 年 6 月 19 日，A19 版。

[5] 〈梁冰濂區慶祥加入公民黨有違政治中立　法律界：暫委法官應避嫌〉，《文匯報》2006 年 5 月 5 日，A15 版。

[6] 〈六成人反對兼職法官入政黨〉，《香港商報》2006 年 6 月 26 日，B01 版。

[7] 《司法獨立與結社自由：準則與平衡》，香港公民黨呈交 2006 年 6 月 26 日立法會司法及法律事務委員會的意見書，香港立法會 CB(2)2281/05-06(01) 號文件，第 7 頁。

[8] 〈他給香港法治留下什麼〉，《南方週末》2009 年 9 月 17 日，A05 法治版。

[9] 〈一國兩制司法實踐　李國能功不可沒〉，《文匯報》2009 年 9 月 3 日，A04 版。

[10] 〈暫委法官與司法獨立〉，《信報財經新聞》2006 年 6 月 27 日，P23 版。

[11] 陳文敏：〈終審法院與首席法官〉，《明報》2009 年 9 月 14 日，A13 版。

[12] 董建華：《關於提請中央人民政府協助解決實施〈中華人民共和國香港特別行政區基本法〉有關條款所遇問題的報告》，1999 年 5 月 20 日。

[13] 李國英：〈法官入黨有違司法獨立無私原則〉，《文匯報》2006 年 6 月 8 日，A26 版。

[14] 馬力：〈法官行為指引絕不多餘〉，《文匯報》2006 年 5 月 30 日，A18 版。

[15] 馬力：〈兼職法官參政應受限委任〉，《星島日報》2006 年 5 月 13 日，A23 版。

[16] 香港特區政制專責小組編：《政制發展專責小組第二號報告書：〈香港基本法〉中有關政制發展的原則問題》，2004 年 4 月。

[17]　香港終審法院：《法官行為指引》，2004 年 10 月。

[18]　香港終審法院：《關於非全職法官及參與政治活動的指引》，2006 年。

[19]　曾鈺成：〈法官入黨指引有漏洞〉，《文匯報》2006 年 6 月 1 日，A23 版。

[20]　張惠霖：《香港自 1976 年起任命法官的程序》，香港立法會秘書處資料研究及圖書
　　　館服務部 RP07/00-01，2001 年 4 月 10 日。

後 記

　　一個偶然的機會，看到香港報刊有關香港非全職法官政黨身份的報道，引起了我對法官政黨身份問題的研究興趣，並得到了全國人大常委會香港基本法委員會、澳門基本法委員會的支持，確立了《香港特別行政區法官的政黨身份》這一研究課題。在開展該課題研究的過程中，香港法官制度中的非全職法官制度又進一步引起了我的研究興趣，很幸運，再次得到了全國人大常委會香港基本法委員會、澳門基本法委員會的支持，確立了《香港特別行政區的特委法官和暫委法官制度》研究課題。期間幾年，我圍繞這兩個課題不斷收集資料，順利完成課題報告。此後，結合課題相關資料和問題，我發表了個別論文，但受論文篇幅限制，單篇論文難以全面地呈現香港非全職法官制度的全貌。寫書總結香港非全職法官制度的理念與實踐，這一想法開始浮上心頭，於是，在兩項課題成果的基礎上，圍繞香港非全職法官制度，我進一步收集資料，參閱文獻和補充數據，最終完成了本書的主要內容。

　　在本書即將出版之際，我深懷感恩，衷心感謝在研究中為我提供諸多幫助和建議的師長朋友。

　　感謝全國人大常委會香港基本法委員會、澳門基本法委員會的信任，為我開展研究提供了幫助和支持，給予我許多學習的機會。在相關課題評審、開題、中期答辯和結題評審中，基本法委員會相關專家提出了很多寶貴意見和建議，為我進一步完善本書相關內容提供了有力指引！

感謝我的導師董立坤教授多年來的教誨和督促。董老師是我學習和研究國際私法、香港法律以及港澳基本法的領路人，老師對於學術研究的孜孜不倦，對於文章寫作的字斟句酌，對於港澳問題的準確把脈，對於國家發展的家國情懷，時常鞭策和鼓勵著我。本書準備付梓之際，遇到董老師因病住院治療，但老師仍然通讀了書稿，提出了完善建議，並為本書撰寫了序言，董老師對我的諄諄教誨、關心與幫助，永記於心！

本書能夠出版，得到了深圳大學港澳基本法研究中心的幫助，感謝中心主任鄒平學教授的支持，將本書列入其主編的「港澳制度研究叢書」系列。同時，感謝香港三聯書店周建華總編輯和蘇健偉編輯，為本書的順利出版提供了諸多幫助。還要感謝我的學生陳泳賢，在她讀研期間，幫忙收集和核對了本書的部分數據。

最後，最深的謝意獻給我的父母，他們給予了我生命和生活的力量；獻給我的公婆，他們分擔了繁瑣的家務，使我能夠輕鬆面對工作；獻給我的先生和我的女兒，他們是我認真生活及快樂工作的源泉。

一切的一切，皆源自所有的支持與幫助，特此致謝！

張淑鈿

2021 年 12 月於深圳

責任編輯	蘇健偉
書籍設計	道　轍

書　　名	**香港特別行政區非全職法官制度研究**
著　　者	張淑鈿
出　　版	三聯書店（香港）有限公司
	香港北角英皇道 499 號北角工業大廈 20 樓
	Joint Publishing (H.K.) Co., Ltd.
	20/F., North Point Industrial Building,
	499 King's Road, North Point, Hong Kong
香港發行	香港聯合書刊物流有限公司
	香港新界荃灣德士古道 220-248 號 16 樓
印　　刷	美雅印刷製本有限公司
	香港九龍觀塘榮業街 6 號 4 樓 A 室
版　　次	2021 年 12 月香港第一版第一次印刷
規　　格	16 開（170 mm × 240 mm）264 面
國際書號	ISBN 978-962-04-4924-6

© 2021 Joint Publishing (H.K.) Co., Ltd.

Published & Printed in Hong Kong